¿Morir de envidia o vivir de amor?

Colección EL POZO DE SIQUÉN

487

Catherine Aubin

¿MORIR DE ENVIDIA
O VIVIR DE AMOR?

*Los celos, un obstáculo
para nuestra vida espiritual*

ST SALTERRAE

Título original:
Mourir d'envie ou vivre d'amour ?
La jalousie, un obstacle pour notre vie spirituelle

© Groupe Elidia Éditions Artège, 2022
10 rue Mercoeur – 75011 Paris
9 espace Méditerranée – 66000 Perpignan
www.editionsartege.fr

Traducción:
Fernando Montesinos Pons

© Editorial Sal Terrae, 2025
Grupo de Comunicación Loyola
Polígono de Raos, Parcela 14-I
39600 Maliaño (Cantabria) – España
Tfno.: +34 944 470 358
info@gcloyola.com
gcloyola.com

Imprimatur:
✠ Arturo Ros Murgadas
Obispo de Santander
22-11-2024

Diseño de cubierta:
Félix Cuadrado Basas (*Sinclair*)

Impreso en España. *Printed in Spain*
ISBN: 978-84-293-3236-0
Depósito legal: BI-1511-2024

Fotocomposición:
Marín Creación, S. C. – Burgos / www.marincreacion.com

Impresión y encuadernación:
Gráficas Fernan – Bilbao (Vizcaya) / graficasfernan.com

Índice

SEGUNDA PARTE
Las puertas que debemos abrir

TERCERA PARTE
Descubrir nuestro propio Horeb

Prólogo

A mis queridos lectores y lectoras

Si usted no es celoso, envidioso, ni está sometido a la codicia, perderá el tiempo con este libro. Del mismo modo, si busca una obra erudita sobre estos temas, sería preferible que consultara a su librero, él le indicará algunos títulos excelentes entre los muchos que se han publicado.

Si, como yo, a veces se siente invadido por sentimientos vergonzosos de posesión o de exclusividad hacia el otro, o si codicia las cualidades o el exasperante reconocimiento de su vecino, de su hermano o hermana, o de su cónyuge, entonces le propongo que nos «embarquemos» juntos en este camino pedregoso y tortuoso de nuestras envidias, de nuestros celos y de nuestras codicias.

Vamos a intentar desenredar los nudos, arrancar las malas hierbas, reconciliarnos con esa parte oscura de nosotros mismos. Vamos a intentar confesar con una sonrisa que, al final, un día u otro, hemos sentido celos, envidia, y que, consciente o inconscientemente, hemos codiciado lo que forma parte del ser de otro, porque nos hemos dicho, con cierta decepción: «¡Yo no valgo gran cosa comparado con su notoriedad, comparado con todo lo que hace y sabe...!», o bien: «¿Por qué, pues, no soy yo el preferido o la preferida?», o incluso: «¿Cómo es posible que yo no sea el centro del mundo?».

Como habrán comprendido ustedes, este libro no es una obra que trate de los celos de forma especulativa, cerebral o intelectual. Es un libro de experiencias, porque, con cierto pesar o remordimiento, admito que he sentido celos, envidia, y que con excesiva frecuencia he codiciado y mirado de reojo al prójimo en un intento de parecerme a él o de ocupar su sitio. Este libro no es una confesión, sino más bien una constatación lúcida de una grave y sufrida enfermedad espiritual que padecemos la mayoría de nosotros, ya sea conscientemente o no. Es una prisión mortífera para uno mismo y para nuestro entorno.

Así pues, vamos a hacer juntos este camino, por cañadas oscuras (cf. Sal 22,4), o por el abismo de las aguas caudalosas (Sal 143,7), y pasaremos de la esclavitud de la envidia a la alegría y a la libertad de la admiración. Es urgente vivir y morir como artesanos de paz, sin colgarnos a la espalda el odio a nosotros mismos, la tristeza o la venganza.

¿Por qué este tema?

Muchas de las personas con las que me relaciono me han preguntado: ¿por qué escribir sobre este tema? Esta pregunta reiterada me hace pensar que sería mucho más agradable escribir sobre la alegría, la confianza o incluso la humildad. Es como si el carácter atractivo de estos temas realzara una imagen más gratificante de nosotros mismos. A esto seguía otra reacción inesperada, una confesión sorprendente: «De verdad, no creo que yo sea celoso, no, no creo que envidie a una u otra persona...».

La envidia, los celos y la codicia vienen cargados de sombra, de oscuridad, de pesadez y de vergüenza. Nadie se atreve a confesar sus vicios pacífica y públicamente. Abordar este tema requiere un duro trabajo con la verdad, porque exige hacer una elección y tomar una decisión interior que debe renovarse constantemente. ¿Existiría también una suerte de complicidad con estas enfermedades? ¿Estamos tan impregnados de ellas que, inconscientemente (o no), preferimos eludir el tema? ¿Es tan doloroso hacer que brille la verdad? ¿Es una audacia demasiado grande liberarse de las cadenas que son estas enfermedades? ¿Es demasiado difícil nacer y renacer del Espíritu Santo para avanzar mar adentro y en profundidad? ¿Es tan penoso dejarse engendrar por el Amor y la gratuidad, y recibir una nueva identidad de hijo y de hija de Dios?[1]

Mi deseo es que esta obra arroje algo de luz para reconocer estos deseos pervertidos y sus consecuencias. Que también nos ayude a salir de una forma de esclavitud y de un callejón sin salida. Y, finalmente, que sea

---

[1] «Pues la fascinación del vicio ensombrece la virtud, el vértigo de la pasión pervierte una mente sin malicia» (Sab 4,12), y además «concibe y da a la luz el pecado, el pecado madura y engendra muerte» (Sant 1,15).

un apoyo liberador para entrar en la verdad de lo que estamos llamados a ser desde toda la eternidad y para toda la eternidad:

hijos e hijas de Dios,
hijos de la Luz,
elegidos y amados,
bendecidos y preferidos por el Padre,
todos sin excepción, sin condición.

Es Jesús quien nos trae y nos aporta la liberación, convirtiéndose para cada uno de nosotros en palabra de verdad y, por consiguiente, de libertad para vivir plenamente con él y en él.

Introducción

Al principio
la gracia, la gratuidad, la gratitud

> Al principio *creó Dios el cielo y la tierra* (Gn 1,1).
> *Y el aliento de Dios se cernía sobre la faz de las aguas*
> (Gn 1,2).
> *[Al principio] sopló en su nariz aliento de vida, y el
> hombre se convirtió en ser vivo* (Gn 2,7).
> Al principio *ya existía la Palabra y la Palabra se dirigía
> a Dios, y la Palabra era Dios* (Jn 1,1).

Al principio de la existencia, se da el Aliento. Cuando un niño nace, grita y respira, está vivo. El comienzo de cada uno de nosotros está en el Aliento y por el Aliento. Este nos precede. Es nuestro origen y está en el origen de la existencia de cada uno, sean las que sean las complicaciones, vicisitudes y trastornos de la vida cotidiana.

Al principio de la existencia se pronuncia una palabra. Ya sea simplemente el nombre y el apellido, es una palabra de reconocimiento, de identificación y de nacimiento al mundo. También son, y así cabe esperarlo, palabras de amor y de bienvenida pronunciadas durante el parto que acoge a cada recién nacido. Porque cada uno de nosotros nace en y por una Palabra.

Al principio, pues, Dios y la Palabra son nuestros lugares de origen; en consecuencia, la envidia, los celos y la codicia no son lo primero en nuestras vidas. No nos caracterizan ni nos identifican. Lo que nos hace únicos hemos de buscarlo en una Palabra que nos ha sido dada por el Aliento del Espíritu de Dios en nosotros.

Del mismo modo que las huellas digitales de nuestros dedos son únicas en el mundo, lo que cada uno de nosotros es es irreemplazable e indispensable para la humanidad. Porque lo que el Señor nos preguntará en la eternidad es esto: «¿Por qué has sido Penélope y no Catalina, tal como eres?»[1].

En efecto, como ha escrito Martin Buber:

> «Algo nuevo, algo primero y único, que nunca antes ha existido, viene al mundo con cada hombre que nace. "Todo hombre en Israel tiene la obligación de reconocer y considerar que es único en el mundo en su género, y que en el mundo no ha existido nunca ningún hombre idéntico a él [...]"».

Al principio
una mirada, una contemplación de nuestro Dios

He visto la miseria de mi pueblo en Egipto (Ex 3,7).

---

[1] «La misma idea la expresó, con mayor agudeza incluso, el rabí Sussja quien, en el momento de su muerte, exclamó: "En el mundo futuro no se me preguntará por qué no has sido Moisés, sino por qué no has sido Sussja"». Cf. Martin BUBER, *Le chemin de l'homme*, Éd. du Rocher, München 1982 (reed. 1999. Trad. esp.: *El camino del hombre*, Cuadernos de la Diáspora, Madrid 2003, 126).

En estas palabras de la Escritura, el Señor Dios ve y habla. Constata y ha visto la miseria de los hebreos, la esclavitud, el duro trabajo, las difíciles condiciones de vida y supervivencia. Los hebreos son esclavos de los egipcios, se encuentran bajo el dominio de un poder que les ha doblegado. Si esta situación continúa, se verán acosados por el rencor, la venganza y la cólera, consecuencias de la envidia a otro, al que se supone superior y dominador. ¿De qué son realmente esclavos los hebreos? ¿Qué es esa «opresión» que padecen? ¿Podría ser la envidia, los celos o la codicia? Interpretar el relato de este modo nos permite comprender cómo el Señor Dios quiere liberar a su pueblo de esta opresión asesina, y captar su pedagogía.

En primer lugar, les revela su nombre −*Yo soy el que está con vosotros*− y, al hacerlo, dará a cada uno su propio nombre, empezando por Moisés. Este acoge esta llamada y este envío, y pondrá en práctica todo lo que el Señor Dios le diga para hacer pasar a su pueblo a través del Mar Rojo, y lo conducirá hacia la tierra prometida, tierra de libertad.

En otras palabras, lo que cuenta en nuestra vida cotidiana no es la pobreza. Lo primero es la mirada de Dios sobre nuestra «miseria». En este libro la llamaremos envidia, codicia o celos. Para aliviarnos de ella, y luego liberarnos de la misma, necesitaremos una forma de docilidad humilde y serena que nos permita reconocer sus estragos destructivos en nosotros mismos y en los que nos rodean. Necesitaremos, pues, nombrar lúcidamente todas las consecuencias de esta enfermedad a fin de cerrarle las puertas, para no dejar entrar en nuestro corazón lo que puede volverlo malicioso, incluso asesino. A continuación, después de esta acogida, vendrá la invitación a abrir otras puertas, luminosas y constructivas, para que podamos desprendernos poco a poco de esta miseria y de esta desesperación. Y, por último, será fundamental dedicar tiempo a descubrir y acoger nuestro sitio. Es decir, de acogerse a uno mismo como único en este mundo, discernir nuestra propia llamada y nuestra fecundidad irreemplazable. Nada en este camino es del orden de la eficacia, ni siquiera de una búsqueda del bienestar. Se trata de adentrarse en el descubrimiento de nuestro ser, en el misterio del autoconocimiento y en el misterio de Aquel que nos crea y nos recrea incesantemente. Dos ilustraciones pueden iluminarnos.

La parábola del hijo pródigo

El hijo mayor de la parábola del hijo pródigo[2] ha pasado años viviendo a la sombra de su padre, sin atreverse

---

[2] Lc 15,25-32: «El hijo mayor estaba en el campo. Cuando se acercaba a casa, oyó música y danzas y llamó a uno de los criados para informarse de lo que pasaba. Le contestó: "Es que ha regresado tu hermano y tu padre ha matado el ternero cebado, porque lo ha recobrado sano y salvo". Irritado, se negaba a entrar. Su padre salió a rogarle que entrara. Pero él respondió a su padre: "Mira, tantos años llevo sirviéndote, sin desobedecer una orden tuya, y nunca me has dado un cabrito para comérmelo con mis amigos. Pero, cuando ha llegado ese hijo tuyo, que ha gastado tu fortuna con prostitutas, has matado para él el ternero cebado". Le contestó: "Hijo, tú estás siempre conmigo y todo lo mío es tuyo. Había que hacer fiesta porque este hermano tuyo estaba muerto y ha revivido, se había perdido y ha sido encontrado"».

nunca a pedir nada. En secreto, culpa a su padre, a su hermano pequeño y a sí mismo de esta vida monótona e incluso mediocre. Cuando su hermano regresa, oye cómo se prepara el banquete para aquel al que considera como un derrochador y un despilfarrador. Cuando los criados le ruegan que acuda a la fiesta, reacciona con cólera, rechazo y aislamiento. Su padre le suplica, lo tranquiliza: «Todo lo mío es tuyo». Ensordecido, cegado y paralizado por sus celos, no entra en el compartir y en la alegría. Con los ojos vacíos, se queda en el umbral, solo. No cruza la puerta y juzga a su hermano y a su padre. Y si, en lugar de negarse a entrar, hubiera aceptado participar en las fiestas, ¿habría superado su envidia? ¿Habría superado su insatisfacción fundamental? ¿A quién le ha declarado la guerra? ¿A su padre? ¿A su hermano? ¿O a sí mismo? ¿Qué puede apagar este fuego ardiente y extirpar el gusano que le roe? ¿La obtención del bien que desea? ¿Ocupar el sitio de su hermano menor? ¿Obtener el reconocimiento que esto conlleva?

El primer sitio

He aquí otro acontecimiento relatado por alguien cercano a mí y que todavía hoy sigue planteándome interrogantes: fue en Roma, en el estadio Tor Vergata para ser exactos, en el año 2000, el último día de la Jornada Mundial de la Juventud. Una joven religiosa consiguió un asiento para asistir en las primeras filas a la misa de clausura del papa Juan Pablo II. Junto con otros privilegiados, llegó temprano por la tarde, en pleno calor, para disfrutar de este momento único. La Eucaristía tuvo lugar por la noche, hacia las 20 horas. El ambiente era fraternal, la gente hablaba y compartía la alegría de estar juntos. Llegó un hombre, un sacerdote, con el que la religiosa se había cruzado diez años antes en Roma y al que no había vuelto a ver desde entonces. Se dirigió hacia las filas donde estaba sentada la gente y comenzó no a saludar a esta persona consagrada, sino a insultarla con ojos negros de cólera, rostro amenazador y lívido y cejas fruncidas. Delante de todos, le lanzó a voz en grito que «ella, una religiosa» estaba sentada allí, en primera fila, y que ese no era su lugar, etc. Nadie rechistó. Nadie pestañeó, ni los que estaban a su alrededor ni la monja, tan atónitos y sorprendidos por esta reacción desproporcionada. Este hombre se marchó con su cólera envidiosa, desbordante y destructiva, y tal vez minada por una especie de tristeza desesperante. ¿Cuál es el origen de esta viva violencia? ¿Por qué esta intensidad casi indomable (o indomada), imposible de dominar? Y si le hubieran ofrecido el asiento de primera fila, ¿habría aceptado? ¿Habría cambiado de opinión y se habría calmado?

La cólera del hijo mayor y la de esta persona se parecen. Aunque sea una fiesta o una celebración, se han sentido ofendidos o perdidos por la sobreabundancia de esta festividad. ¿Tenían derecho a ello?, es posible que se preguntaran. ¿Creían que no se les habría concedido? Su mirada, cegada por una herida viva, no cauterizada, no nombrada y no asumida, les impedía acoger una realidad gozosa y que podía ser compartida. La intensidad de su desbordamiento interior es tal que, en cierto modo, su existencia se ve puesta en tela de juicio. Ofendidos en el reconocimiento de su ser, sintieron tristeza, frustración y dolor ante el hermano menor, en el primer caso, y ante la religiosa que parecía haber ocupado un lugar que no le correspondía, en el segundo. Se sintieron dejados de lado, apartados, incluso rechazados o excluidos. ¿Ambos son remitidos por esta situación a una fiesta (o a una atención) que llevaban años esperando, a fin de ser el centro de atención y, por consiguiente, los preferidos? ¿No llevaban años esperando en vano un sitio que se les diera desde fuera y les diera la ilusión de sentirse colmados? Su percepción falseada de la realidad les hace revivir un menosprecio tal que ningún remedio externo habría podido curar la envidia que sentían. La cura de la envidia no hay que buscarla en la posesión o en la obtención de lo que se busca con avidez, ya sea el mejor sitio, el reconocimiento o el éxito. Es un camino largo, único y esencial que hay que encontrar, descubrir y explorar.

Intentos de definición: la envidia y sus hijos, los celos

La envidia, tal como pretendemos describirla en este libro, no tiene que ver con la ambición ni con la necesidad. Tiene más que ver con el deseo de apropiación. La palabra «envidia» es una adaptación del latín *invidere*, que significa «mirar con una mirada malévola, incluso envenenada»[3]. La persona envidiosa mira con *malos ojos* el bien del que goza su prójimo. Le desea el mal. Según el *Dictionnaire de Spiritualité*, la envidia consiste en ver con malos ojos la felicidad del otro: en sentir tristeza al verlo triunfar y, por consiguiente, alegría al verlo fracasar. Predispone a ver (*videre*) con ojo acusador el bien del prójimo y a afligirse por ello como un ataque a una supuesta superioridad que solo se desea para uno mismo. El celoso, por su parte, se aflige por verse menos favorecido. La envidia también se define como la pena y el odio que sentimos por la felicidad, los éxitos y las ventajas de los demás. El bien ajeno hace sufrir al envidioso. La envidia se convierte entonces en amargura por el éxito de los demás, con el deseo de perjudicarles, pero también es una forma de desesperación respecto a uno mismo. El envidioso busca alivio a su tristeza en el mal infligido a su prójimo, y es así comparable al animal enfermo de rabia que imagina que puede obtener alivio lanzándose con furia y cólera contra los transeúntes[4]. La envidia es un vicio que impide entrar en el reino de Dios. No solo seca el corazón, sino también el cuerpo. Hay una diferencia entre la disposición del envidioso, que ve con pena que otros gozan de bienes y ventajas que él

---

[3] Para definir estos vicios nos hemos inspirado ampliamente en André HOUZIAUX, «L'envie, la jalousie et l'incapacité d'être heureux», en ÍD., *Ces péchés capitaux... si capiteux*, Lethielleux, Paris 2011, 73-95; Édouard RANWEZ, «Envie», *Dictionnaire de Spiritualité*, vol. 4, cols. 774ss., Paris 1960; Pierre ADNES, «Jalousie», *Dictionnaire de Spiritualité*, t. 8, cols. 69ss, Paris 1978.

[4] Cf. SANTO TOMÁS DE AQUINO, *Suma teológica*, IIa IIae, q. 36, art. 4.

mismo no posee, y la del celoso, que desea gozar, solo y sin compartir, de los bienes y ventajas que él posee. Así, la envidia es un pesar por el bien que poseen los demás, que roe fuertemente el corazón; mientras que los celos se refieren a nuestro propio bien, del que tememos que participe nuestro prójimo.

San Francisco de Sales lo expresaba así:

«A causa de la envidia nos entristecemos porque el prójimo tiene un bien mayor o parecido al nuestro, aunque no nos quite nada de lo que tenemos; la envidia no es razonable. Los celos no nos entristecen en absoluto cuando el prójimo tiene un bien, siempre que no sea el nuestro; pues al celoso no le entristece que su compañero sea amado por otras mujeres, siempre que no sea la suya»[5].

Para decirlo con otras palabras, el *Dictionnaire de Spiritualité* añade esto:

«El celoso quiere defender, contra todo intento de un tercero, el bien a cuyo disfrute solo él cree tener derecho; mientras que al envidioso le parece intolerable que un tercero goce de una ventaja que no vulnera ninguno de sus derechos y no puede causarle ningún perjuicio real».

Los celos no consideran el bien ajeno, sino el propio; tienen miedo de verse frustrados por él; se aferran a él envolviéndolo excesivamente. Es el miedo excesivo

---

[5] SAN FRANCISCO DE SALES, *Traité de l'amour de Dieu*, livre 10, ch. 12, t. 5, Annecy 1894, 208 (trad. esp.: *Tratado del amor de Dios*, Edibesa, Madrid 2015).

a que nuestro bien nos sea arrebatado por otros. La envidia es como una tristeza mezclada de odio que hace que nos enojemos por el bien que vemos que les llega a los otros (este es el caso del hombre del estadio Tor Vergata de Roma y el del hijo mayor de la parábola). Es un fenómeno complejo compuesto de frustración, expectativas no cumplidas, malestar, celos y deseo, consciente o no, de destruir lo que deseamos.

En lo que se refiere al origen de la palabra «celos», procede del griego *zēlos*, que en latín dio lugar a *zelare*. En griego, *zēlos* significa propiamente «ebullición», de ahí ardor, celo, y, en consecuencia, emulación, rivalidad y, en el mal sentido, envidia. Expresa las posibilidades de interacción entre dos personas: una interacción positiva en el hecho de intentar igualar, imitar y mostrar celo por..., en este sentido, es un poderoso motor de vida[6]; o una interacción negativa: «estar celoso de...», como una competición con un adversario percibido como una amenaza que hay que destruir. De manera más restringida, se refiere a la relación entre dos personas y al hecho de no soportar la no exclusividad. Por ejemplo, los celos entre hermanos o hermanas se constatan y aceptan gustosamente (en la Biblia, el fratricidio abunda con más

---

[6] La imitación no es mala en su punto de partida; se encuentra en la base de todo comportamiento humano. Los niños se construyen a sí mismos a partir de los modelos que les rodean, lo que llamamos modelos de identificación. Integran lo que han visto hacer a los demás, y así es como se construyen y estructuran a sí mismos. Poco a poco deben deshacerse en cierto modo de esos modelos; si no lo hacen, corren el riesgo de verse aprisionados en su modelo, de ceñirse demasiado a él y de no desarrollar su propia personalidad.

de 65 casos[7]). Los celos son un apego sombrío a un bien que se cree amenazado. Es un sentimiento doloroso que hace nacer en quien lo experimenta el deseo de posesión de la persona amada. De ahí que los celos, en su forma negativa, devoren, roan, aniquilen y cierren a la vida (¡el infierno no está lejos!). Pueden mantener en una soledad odiosa y en una culpabilidad sin fin. Es, en cierto modo, un sentimiento originario (y no original), universal, un camino ineludible para todo ser humano expuesto al encuentro con el otro. Tienen su fuente en nuestra vital necesidad de amor. Son el eje en torno al cual vamos a estructurar nuestra relación con los otros y a forjar nuestro posicionamiento interior frente al mundo.

En el Nuevo Testamento, aparte de su uso en el sentido religioso de «celo»[8], *zēlos* también tiene un significado peyorativo que no difiere mucho del de envidia. La palabra se asocia con «discordia»[9] o «espíritu de

---

[7] Esta recurrencia de relatos de fratricidio en la Biblia tiene sin duda una función pedagógica, como si se tratara de hacer un inventario de sus diversas manifestaciones y, sobre todo, para indicarnos sus causas. La primera reside en la preferencia dada por los padres (o por Dios), preferencia que desencadena la rivalidad. La segunda nos revela la pasión del hombre por el poder, tan poderosa que puede llevar al fratricidio. La insistencia puesta en este tema deja presumir un carácter irremediable en este «pecado agazapado» a la puerta de cada uno, sin duda el pecado original del hombre...

[8] 2 Cor 11,1-2: «Ojalá aguantarais algún desatino menudo. Sé que me aguantáis. Tengo celos de vosotros, celos de Dios».

[9] Rom 13,13: «Procedamos con decencia, como de día: no en comilonas y borracheras, no en orgías y desenfrenos, no en riñas y celos».

rivalidad»[10]. Hay una diferencia entre la disposición de la persona envidiosa, que ve con pena que los demás disfrutan de bienes que ella misma no posee, y la de la persona celosa, que desea disfrutar de las ventajas que sí posee para sí sola y sin compartirlas. Los celos se emparentan con un amor de codicia, un amor autorreferencial que busca ante todo la satisfacción de sus deseos y apunta a la apropiación y la posesión. En este sentido, son malos, porque su objetivo no es la caridad. No son, por tanto, el amor de benevolencia, que consiste en buscar y querer el bien del otro.

Sin confundirse, los celos y la envidia tienen ciertas semejanzas. No obstante, hay que diferenciarlos. En su origen, los celos son el deseo de conservar lo que nos pertenece y de no ser privados de ello por otro, por lo que concierne a los bienes propios, con un deseo de exclusividad y de posesividad sobre un bien que se considera como propio (por ejemplo, un marido celoso de su mujer que es considerada y cortejada por otros hombres, o a la inversa). La envidia, por su parte, no está relacionada con *mi* bien, con *mi* marido o con *mi* mujer, por ejemplo, sino con un bien que posee otra persona, como el lugar de honor en una recepción mundana, por ejemplo, o las seis lenguas que habla con fluidez mi vecino. En los celos hay cierta combatividad y un impulso negativo contra el otro, mientras que la envidia provocaría más encierro, tristeza, melancolía y desesperación (incluso locura, como en

---

[10] Sant 3,14: «Pero si dentro lleváis unos celos amargos y el espíritu de rivalidad, no os gloriéis engañándoos contra la verdad».

el caso del compositor Salieri, envidioso de Mozart, que enloqueció al final de su vida, aunque su supuesto adversario ya estaba muerto). El envidioso nunca está satisfecho y siempre quiere más. Se muestra insaciable y no le aprovecha la obtención de lo que desea. La envidia, como la codicia, nace de una distancia insalvable entre lo que somos y lo que sentimos deseos de ser. La envidia no proporciona ningún placer a la persona que la vive, a diferencia de todas las demás enfermedades espirituales, como la gula, que proporciona un cierto disfrute en la comida, o la avaricia en los bienes poseídos, o incluso la lujuria. En el caso de la envidia no hay nada de todo esto. Ningún goce de los sentidos, ningún goce exterior: no añade ni colma nada, sino todo lo contrario.

Caín, el hijo mayor de la parábola y otros son nuestros hermanos y nuestros ayudantes para desmotar los mecanismos de estas enfermedades infecciosas, estos virus que son más peligrosos y contagiosos que cualquier tipo de covid. Y es que esta enfermedad se propaga insidiosamente por todas partes, está en el origen de muchas desviaciones y, como el covid, puede declararse incluso en personas mayores. Por ejemplo, en los fundadores de comunidades que, a lo largo de su vida, han dado pruebas de una auténtica irradiación, incluso una forma de santidad, y luego, cuando tienen que ceder el testigo a su sucesor, manifiestan una cara insospechada de resentimiento, murmuración y envidia hacia la persona que fue su discípulo fiel (y a veces preferido) y que debe convertirse en su sucesor. Nadie está al abrigo de la envidia y de los celos.

Primera parte

CERRAR LAS PUERTAS INTERIORES

De la oscuridad a la luz, de la reclusión a la visitación

Preámbulo sobre las «puertas»

Mira que estoy a la puerta llamando... (Ap 3,20).

Hablar de «puertas interiores» significa que el centro de la vida espiritual y de la interioridad cristiana puede expresarse y revelarse a través de imágenes y de símbolos como «morada» o «castillo». Esta casa o habitación profunda se construye con puertas y ventanas; se trata de no dejar entrar nada que pudiera trabar, oscurecer o devastar la relación y la comunión con el Señor en lo profundo del corazón, llamado también «celda del alma», por ejemplo, por Catalina de Siena. Por consiguiente, la «puerta» no debe entenderse como un objeto, sino como un signo de lo que revela: paso, separación y apertura. Por eso nos corresponde a nosotros hacer resonar estas palabras e interpretarlas según los cuatro niveles de comprensión que enseña la tradición hebrea.

El primer nivel se refiere a la escucha literal, es decir, a lo que se nos da a oír sin preguntar nada. Por ejemplo, una puerta es un objeto destinado al paso.

El segundo nivel conduce a la escucha en forma de alusión, de sugerencia o evocación. Por ejemplo, en la expresión «Ahí tienes la puerta...» que, entre otras cosas, significa «ser despedido».

El tercer nivel es el de la interpretación, el de la aclaración: «Esta poesía ha franqueado la puerta de mi corazón...».

Y, por último, el cuarto nivel es el de la revelación del misterio. En el Evangelio, Jesús dice de sí mismo: «Yo soy la puerta» (Jn 10,9).

La palabra de Dios (como la poesía) recurre constantemente a estos cuatro niveles. Esto nos permite franquear un espacio, un viaje desde el mundo exterior o físico al mundo interior y espiritual: «Mira que estoy a la puerta llamando. Si uno escucha mi llamada y abre la puerta, entraré en su casa y cenaré con él y él conmigo» (Ap 3,20), como nos dice el Apocalipsis.

Este principio será una clave de interpretación para cerrar y abrir estas puertas interiores, entendidas como un franqueamiento o una separación, o incluso un paso hacia una salida, una dirección o un sentido...

Las «puertas» de Zaqueo, de la «mujer» y de Cristo

Os aseguro que los recaudadores y las prostitutas
entrarán antes que vosotros en el reino de Dios
(Mt 21,31).

En los Evangelios, son varios los personajes célebres que han mostrado cómo cerrar esas puertas interiores para dejarse visitar por la salvación, el perdón y la liberación: Zaqueo y la mujer llamada «pecadora» son ejemplos de ello. Dos personalidades marcadas por el deseo y la codicia: para uno es la posesión y acumulación de dinero, para la otra la avidez de afecto y placer. Zaqueo, el publicano, corre y se sube a un sicómoro. Es visto y recibe la visita de Cristo en su casa. Su inmoderado deseo de bienes ha sido visitado, porque ha tenido el valor de dejarse arrastrar por otro deseo. La mujer «pecadora» se atreve a entrar en casa de un notable fariseo, Simón. Se acerca, toca y besa a Cristo, llora y le rocía con sus lágrimas y su perfume. También ella ha reorientado su impulso. Cuando Jesús se presenta ante Juan el Bautista, se deja hacer y se sumerge en nuestros *jordanes*, en nuestros deseos vergonzosos, como lo volverá a hacer de forma dramática cuando descienda a nuestros infiernos en el momento de su pasión. Viene a nuestro encuentro en nuestro dinamismo más vital: ver y ser visto, conocer y ser reconocido, amar y ser amado.

Zaqueo, hombre de deseos, como la mujer «pecadora», superó obstáculos y cerró puertas. Jesús, por medio de su bautismo, de su «zambullida» y de su inmersión completa, desciende así a todas nuestras oscuridades para hacer entrar la salvación y la liberación en nuestras envidias y codicias. Porque «a los que lo acogieron, a los que creen en él –Zaqueo, la mujer y tantos otros...–, los hizo capaces de ser hijos de Dios» (Jn 1,12).

Cierra la puerta de la mentira y del olvido

En el origen de la codicia... una astuta serpiente.

El tercer capítulo del Génesis[1] describe el mecanismo de la codicia a partir de de un animal simbólico: la serpiente, el más astuto de todos los animales (cf. Gn 3,1). Esta abre la boca para subrayar los límites de las palabras pronunciadas por el Señor a la mujer: «¿Conque Dios os ha dicho que no comáis de ningún árbol del jardín?» (Gn 3,1b). Al hacerlo, la serpiente introduce la sospecha y la mentira. Al subrayar solo el límite, intenta hacer olvidar el don y proyectar una sospecha sobre el Donante, pues el Señor Dios había dicho antes: «Puedes comer de todos los árboles del jardín; pero del árbol de conocer el bien y el mal no comas; porque el día en que comas de él, tendrás que morir» (Gn 2,16-17). La mujer, al dejarse seducir por la serpiente, se siente amenazada, lesionada, incluso frustrada. El árbol prohibido se convierte en el árbol que tapa el bosque.

El punto de partida es, pues, una mentira y un olvido: el olvido del don (porque el Señor Dios había insinuado «todos los otros árboles») y la mentira basada en la ilusión de la carencia. Ese árbol, ese mismo

---

[1]   Para estas explicaciones bíblicas, me he inspirado ampliamente en el exégeta André WÉNIN en sus siguientes libros: *L'homme biblique. Lectures dans le premier Testament*, Cerf, Paris 2004 (trad. esp.: *El hombre bíblico*, Mensajero, Bilbao 2007); *D'Adam à Abraham ou les errances de l'humain. Lecture de Genèse 1,1–12,4*, Cerf, Paris 2007.

árbol, debe convertirse en la codiciada fuente de felicidad. En otras palabras: «¿Cómo es que no se da todo y que falte uno?». O dicho en términos más familiares: «¿Cómo es que a mi hermana le dan un paraguas y a mí un par de botas? ¿Por qué no las dos cosas?». Poseerlo todo para uno mismo y solo para uno mismo es no tener salida ni vida ni relaciones, y, por tanto, una fuente de muerte, explica el Señor en este pasaje. En este sentido, querer acapararlo todo y cerrarse a la relación es un camino fatal. De ahí que el Señor trate de proteger a hombres y mujeres de esa tentación y de educarles para que lo consigan. Y es que la relación es vital, y hay que traspasar los límites de cualquier tipo para abrirse a la relación. Los límites son una oportunidad de vida y de felicidad.

En concreto, nuestra codicia se extiende con frecuencia al *todo*. Con esta expresión: «¡Lo quiero todo y lo quiero ya!». Esta fascinación por poseerlo todo nos hace olvidar lo que ya está ahí, lo que se nos ofrece cada día, ya sea la salud, el techo, la familia, etc. El confinamiento durante la pandemia nos ha hecho conscientes de nuestro comportamiento de niños mimados desmemoriados. Las idas y venidas, las reuniones familiares y el aislamiento forzoso nos han hecho tomar conciencia de que todo lo que teníamos y poseíamos era una deuda y no un regalo. Todos habíamos olvidado el don y los dones de la vida cotidiana: nuestros encuentros cálidos, nuestros abrazos afectuosos, nuestras visitas gratuitas.

Cierra la puerta de la codicia

No codiciarás la mujer de tu prójimo.
Ni codiciarás su casa, ni sus tierras, ni su esclavo,
ni su esclava, ni su buey, ni su asno,
ni nada que sea de él (Dt 5,21).

Las diez palabras o diez mandamientos concluyen con la prohibición de la codicia. Tras las prohibiciones formuladas de manera sencilla y breve del asesinato, del adulterio, del robo y de la difamación[2], el décimo y último mandamiento es totalmente diferente. No condena una acción, sino un deseo, el de la codicia dirigida a cosas y seres. Si el Decálogo consagra este último mandamiento a prohibir el deseo de los bienes del prójimo, es porque esta codicia es responsable de las acciones prohibidas en los cuatro mandamientos precedentes. O, dicho de otro modo, si dejamos de codiciar las posesiones de nuestro prójimo, no nos volveremos culpables de asesinato, adulterio, robo o falso testimonio. Si se obedece el décimo mandamiento, este hace superfluos los cuatro anteriores[3].

---

[2] Ex 20,13-17: «No matarás. No cometerás adulterio. No robarás. No darás testimonio falso contra tu prójimo. No codiciarás los bienes de tu prójimo; no codiciarás la mujer de tu prójimo, ni su esclavo, ni su esclava, ni su buey, ni su asno, ni nada que sea de él».

[3] Para René Girard, este último mandamiento constituye la clave de explicación de la violencia en el hombre, el fundamento sobre el que ha construido un modelo universal de comprensión de la violencia. Su modelo comprende dos etapas: la primera, la del deseo mimético; la segunda, la del chivo expiatorio.

La raíz de la palabra codiciar en hebreo es el encanto[4], la fascinación o la seducción, o incluso una modalidad de hechizo. Esta décima palabra podría traducirse así: «No estés bajo el encanto de lo que pertenece a otro, no te quedes alucinado ni fascinado ni totalmente bajo la seducción (...) no imagines que eso es lo que deseas y que debería pertenecerte». Esta palabra fundamental es una invitación a no dejarse llevar por el deseo del bien ajeno y de lo que le pertenece en propiedad. De lo contrario, se corre el gran riesgo de matar, engañar, robar y mentir para poseer ese bien. En este décimo mandamiento, se expone el drama de la codicia en toda su intimidad, a saber: la casa, la mujer y el instrumento de trabajo; en otras palabras: no robes lo que constituye el ser del otro. Dicho aún de otro modo, se nos pide que no nos identifiquemos con el deseo del otro por un objeto o un sujeto que es imposible compartir sin cometer asesinato.

David ilustra esta codicia mortal: para poseer a la mujer de Urías, se dejó seducir, engañó, mintió y mató[5].

_____

[4] Cf. Daniel Sibony, *Les trois monothéismes*, «Essais», Seuil, Paris 1997 (trad. esp.: *Los tres monoteísmos*, Síntesis, Madrid 2004).

[5] 2 Sm 11,2-5.14-17: «[...] y un día, a eso del atardecer, se levantó de la cama y se puso a pasear por la azotea de palacio, y desde la azotea vio a una mujer bañándose, una mujer muy bella. David mandó a preguntar por la mujer, y le dijeron: "Es Betsabé, hija de Elián, esposa de Urías, el hitita". David mandó a unos para que se la trajesen; llegó la mujer, y David se acostó con ella, que estaba purificándose de su regla. Después Betsabé volvió a su casa; quedó encinta y mandó este aviso a David: "Estoy encinta". [...] A la mañana siguiente David escribió una carta a Joab y se la mandó por medio de Urías. El texto de la carta decía: "Pon a Urías

Al hacerlo, se mató a sí mismo en cierto modo. Afortunadamente, todos pasamos por impulsos de envidia. Lo importante es no consentir a ellos y no alimentarlos. De ahí esta llamada a no vivir en la codicia, a no destruir el ser de mi prójimo. Porque ser codicioso implica querer confiscar o acaparar una parte del ser o de la intimidad profunda del otro. Codiciar para apoderarse de lo que el otro es o tiene no da ninguna satisfacción. La codicia es un dolor en la relación con el don; el dolor de quienes creen que no son, que no existen, que no tienen especificidad única; sufren por no creer en sí mismos. Es imposible reparar la codicia mediante la obtención de lo que se codicia, porque el sufrimiento se encuentra en el nivel del ser. ¿Habría quedado satisfecho Caín si Dios se hubiera fijado en sus ofrendas y no en las de Abel? ¿Estarían satisfechos los hermanos de José en el libro del Génesis si su padre les hubiera mostrado un mayor reconocimiento? ¿Se habría tranquilizado el hijo mayor de la parábola del hijo pródigo si se hubiera celebrado un banquete solo para él?

La respuesta es no. La persona que codicia lo necesita *todo* y, por consiguiente, no se le puede dar nada para extinguir ese deseo. Así pues, hay que llevar a cabo cambios interiores, cerrar las puertas con doble llave y

---

en primera fila, donde sea más recia la lucha, y retiraos dejándolo solo, para que lo hieran y muera". Joab, que tenía cercada la ciudad, puso a Urías donde sabía que estaban los defensores más aguerridos. Los de la ciudad hicieron una salida, trabaron combate con Joab, y hubo algunas bajas en el ejército entre los oficiales de David; murió también Urías, el hitita».

abrir otras de par en par para entrever una libertad real y apaciguadora. No codiciarás, es decir, no robarás ni matarás el ser, la casa, la palabra o las posesiones de tu prójimo, porque no es en las posesiones de la otra persona donde puedes encontrar tu ser. No codicies más y reconéctate con tu ser[6].

Cierra la puerta a Caín

> *Caín, ese hermano envidioso que dormita*
> *en cada uno de nosotros.*

¿Quién es Caín? ¿Es esa sombra oculta en nosotros mismos como un traidor que duerme con un solo ojo abierto? ¿Por qué aparece al principio de las Escrituras? ¿Para hacernos salir de la ilusión? ¿Para enseñarnos que en nosotros coexisten lo mejor y lo peor? ¿Podría ser el crimen de Caín el verdadero pecado original, agazapado en cada alma humana y desencadenado por estas preguntas

---

[6] El otro aspecto de las teorías de Girard es el de la función del chivo expiatorio, a saber: la ejecución de un inocente para aliviar provisionalmente las tensiones sociales; este inocente es mi hermano, y el sacrificio del chivo expiatorio se llama fratricidio. La ejecución de Jesús por los hombres lo convierte en fratricidio, porque Cristo es el Hijo de Dios y el hermano de todos. Por medio de esta muerte, Jesús, nuevo Abel, ofrece su perdón a Caín, ese Caín eterno que habita en cada uno de nosotros, culpable de un asesinato que podría ser el verdadero pecado original. Es este pecado original el que Jesús vivió en su pasión: relato de un fratricidio que iba a conmocionar el mundo, un fratricidio que constituye el intento de liberar a la humanidad (cf. Daniel SIBONY, *Les trois monothéismes*, *op. cit.*).

engañosas: ¿Soy «el» mejor y «el» más grande? ¿«El» preferido?

El capítulo 4 del libro del Génesis[7] comienza como sigue: «El Humano había conocido a Eva, su mujer»[8] (Gn 4,1a). La relación se describe de tal manera que hay un hombre sujeto, una mujer poseída («su mujer»). Ahora bien, se nos había dicho (3,16b) que su ansia la llevaba hacia «su marido». Este hombre, su hijo Caín, se encuentra por tanto en una relación de posesión en la que el hijo reemplaza al marido. Una relación fusional, por así decirlo, entre Eva la mujer/madre y Caín su hijo. En estas condiciones, Caín es frágil frente a Abel, y quiere poder dominar y controlar las relaciones. Su hermano Abel se convierte en un rival, un competidor que podría interponerse entre la mujer y Caín. Abel, que en hebreo significa «vaho, humo», no recibe al nacer ninguna palabra que le posicione y sitúe como otro frente a

---

[7] Gn 4,1-8: «El hombre se unió a Eva, su mujer; ella concibió, dio a luz a Caín y dijo: "He tenido un varón gracias al Señor". Después dio a luz a Abel, hermano de Caín. Abel se hizo pastor de ovejas y Caín labrador. Pasado un tiempo, Caín presentó de los frutos del campo una ofrenda al Señor. También Abel presentó ofrendas de los primogénitos del rebaño y de la grasa. El Señor se fijó en Abel y en su ofrenda y se fijó menos en Caín y su ofrenda. Caín se irritó sobremanera y andaba cabizbajo. El Señor dijo a Caín: "¿Por qué te irritas, por qué andas cabizbajo? Si procedieras bien, ¿no levantarías la cabeza? Pero si no procedes bien, a la puerta acecha el pecado. Y aunque tiene ansia de ti, tú puedes dominarlo". Caín dijo a su hermano Abel: "Vamos al campo". Cuando estaban en el campo, se echó Caín sobre su hermano Abel y lo mató».

[8] Traducción literal de André Wénin.

su hermano. Ahora bien, Dios mira a Abel y su ofrenda, mientras que no mira a Caín (4,4b-5a). ¿Por qué no mira Dios a Caín? Nada justifica esta ausencia de mirada. A nosotros, los lectores, se nos invita a situarnos ante una injusticia. La misma injusticia que la de la parábola del hijo pródigo (Lc 15,11-32), cuando el hijo mayor se encuentra ante la fiesta que el padre da a su hijo y hermano derrochador, o incluso la injusticia del episodio de los obreros de la última hora[9] que reciben tanto como los que han trabajado todo el día. En la vida cotidiana, cada uno de nosotros experimenta también situaciones aparentemente injustas (uno es discapacitado, el otro no; uno es hábil, el otro no, etc.). La vida nos ofrece a todos una experiencia inevitable de injusticia que afecta a todas las familias, comunidades y medios profesionales. Estas situaciones son, en cada ocasión, llamadas e invitaciones a considerar las cosas de otra manera y a entrar en otra perspectiva, la de nuestro Dios. En efecto, a todos se

---

[9] Mt 20,8-15: «Al anochecer, el dueño de la viña dijo al capataz: "Reúne a los braceros y págales su jornal, empezando por los últimos y acabando por los primeros". Pasaron los del atardecer y recibieron un denario. Cuando llegaron los primeros, esperaban recibir más; pero también ellos recibieron un denario. Al recibirlo, protestaron al hacendado: "Estos últimos han trabajado una hora y les has pagado igual que a nosotros, que hemos soportado la fatiga y el calor del día". Él contestó a uno de ellos: "Amigo, no te hago injusticia; ¿no nos apalabramos en un denario? Pues toma lo tuyo y vete. Que yo quiero dar al último lo mismo que a ti. *¿O no puedo yo disponer de mis bienes como me parezca? ¿Por qué tomas a mal que yo sea generoso?"*».

nos pide pasar por este aspecto de finitud y de aparente injusticia.

El vínculo fraterno también está marcado por un límite. Si este límite no se supera ni se acepta, se abre la puerta al asesinato. El Señor Dios hará todo lo que esté en su mano para desmontar el mecanismo. Su actitud no se dirige a Abel, sino a Caín. Intenta ayudar a Caín haciéndole aceptar la existencia de otro. Lo invita a posicionarse y a salir de la ilusión: él no es el único ni el más grande ni el preferido de su madre o el olvidado de su Padre. La mirada que dirige a su hermano Abel es una invitación a salir de la ilusión y la mentira; de creerse todopoderoso y de creerse que está solo. Para Caín, esta preocupación por Abel representa una oportunidad y una apertura hacia unas relaciones más justas y amplias. Mas para Caín, como para nosotros, es difícil renunciar a ser «el todo» para una persona. O para decirlo de otro modo: «¿Cómo es posible que el mundo no gire alrededor de mí?».

Caín no dice nada, es mudo, no dirige ninguna palabra ni a Abel ni a Dios[10]. Ni el Señor Dios ni Abel son

---

[10] A diferencia de Marta, envidiosa de su hermana María en el Evangelio según san Lucas (10,38-42): «Yendo de camino, entró Jesús en una aldea. Una mujer, llamada Marta, lo recibió en su casa. Tenía una hermana llamada María, la cual, sentada a los pies del Señor, escuchaba sus palabras; Marta se afanaba en múltiples servicios. Hasta que se paró y dijo: "*Maestro, ¿no te importa que mi hermana me deje sola en esta tarea? Dile que me ayude*". El Señor le replicó: "Marta, Marta, te preocupas y te inquietas por muchas cosas, cuando una sola es necesaria. María escogió la mejor parte y no se la quitarán"».

interlocutores. Caín no entra en diálogo para exponer la situación. Permanece amurallado. Su imaginación lo aprisiona por completo, y de este modo aprisiona también a Abel. Se vuelve incapaz de mirarlo y considerarlo. Ahora bien, Caín tiene el rostro abatido: «¿Por qué te irritas, por qué andas cabizbajo? Si procedieras bien, ¿no levantarías la cabeza?». El Señor Dios interroga a Caín sobre el cierre de su rostro, no sobre su actitud moral. Va a su encuentro e intenta romper su silencio mortal. El rostro se cierra cuando el otro rostro desaparece. La negación del rostro del otro es señal de que en ese momento puede desplegarse la intención de asesinar. Caín no puede mirar a su hermano, los dos rostros ya no pueden verse. El asesinato comienza por la negación de la humanidad del otro. Y todo empieza por hacer callar al otro.

Caín se encuentra confrontado con su propia codicia, que lo corroe. El Señor le invita a «hacer bueno» lo que está viviendo mal. Evoca un pecado que acecha a la «puerta», como un animal al acecho que le amenaza con su codicia y que el Señor Dios le invita a controlar (4,7). Pero Caín va a convertirse en asesino, ya no oye ni ve nada. Quien se deja llevar por la codicia solo ve al otro como un objeto que tomar y acaparar para sí. El otro es un competidor al que tiene que neutralizar, apartar o incluso eliminar. Así es como la codicia destruye las relaciones: es la asesina del otro.

Todos, a veces, tenemos ganas de «asesinar», con fantasías en las que nuestro deseo de ser se enfrenta al del otro: «Si él no existiera, todo sería realmente mucho más sencillo», o también: «Si ella pudiera recibir el nombramiento para otra parte...». El homicida quiere suprimir al otro, para quitarle su parte de ser. Caín mata a Abel porque no soporta las preguntas que eso le plantea, como tampoco soporta las preguntas que le plantea el Señor Dios («¿Por qué..., por qué...?»). En cierto modo, eliminar o matar es tomar posesión del ser, por incapacidad de ponerse en el lugar del otro. La alteridad se borra porque es insoportable. Caín se ha vuelto esclavo de su codicia, entra en su cierre, la pesadilla es una tierra interior árida: «la tierra de Caín».

La envidia busca la complicidad en el interior y, para ello, atraviesa las diferentes puertas antes de acceder al fondo del corazón, al centro del ser. A medida que se da el consentimiento, disminuye la libertad del hombre. Para que la libertad del hombre siga entera, es necesario cerrar todas estas puertas con doble llave, porque es posible que haya un guardia y una vigilancia a la entrada de la morada interior. Este guardia del corazón requiere elección y decisión. Las preguntas del Señor Dios remiten al hombre a interrogarse sobre lo que le sucede. Este es el sentido de los dos «por qué» que versan sobre lo que siente Caín. El «por qué» viene a despertar la conciencia. El Señor Dios intenta abrir la puerta de su corazón tratando de atrapar a Caín antes de que cruce la «línea roja». Le invita a cuestionar su irritación y a mirarse a sí mismo. Esta serie de preguntas permite una apertura. En primer lugar, interrogarse sobre lo que ha sentido y, a continuación, sobre su disposición interior para intentar designarla. «Si esta disposición es buena, entonces podrás levantar tu rostro». Y finalmente, «¿Podrás dominarte?» parece ser la última invitación de Dios para ayudar a Caín. Y si este hubiera reconocido que no podía dominar «este pecado agazapado en la puerta», ¿no le habría dado el Señor Dios la fuerza para enfrentarse a él? «Mira que estoy a la puerta llamando. Si uno escucha mi llamada y abre la puerta, entraré en su casa y cenaré con él y él conmigo» (Ap 3,20).

Cierra la puerta a la mirada envidiosa

El hombre envidioso es perverso,
desvía la mirada y desprecia a los demás
(Eclo 14,8).

«Mirada» se dice en hebreo *aín* y designa la fuente. Existe así una identificación de la visión con la fuente divina. Esto describe al mismo tiempo la mirada que concede a todo ser nacer y recibir la vida. Mirar, interpretar como fuente, significa que hay una fuente de vida sin la cual ningún ser puede existir: la mirada de Dios. Cuando Dios posa su mirada creadora sobre las cosas, los seres y el mundo, «ve que es bueno» (cf. Gn 1,12). Su mirada, fuente de bondad, de misericordia y de reconciliación, da vista a los ciegos y saca de la ceguera causada por la codicia.

¿Cuál es la fuente de la mirada del envidioso? ¿Su mirada es fuente de envidia o de gratitud? ¿Una fuente de codicia o de asombro? Nuestros ojos nos informan de nuestros deseos y nuestras envidias. Como hemos dicho más arriba, la envidia es una forma de enfermedad de la mirada, una mirada malévola y acusadora proyectada sobre el otro y sobre lo que es o tiene. Cristo se muestra muy claro al respecto en el Sermón de la Montaña: *«Pues yo os digo que quien mira a una mujer deseándola ya ha cometido adulterio con ella en su corazón»* (Mt 5,28). Del mismo modo, Jesús interpela nuestra manera de ver en la parábola de los obreros de la última hora: «¿Tu mirada es mala, porque yo soy bueno?»[11] (Mt 20,15). Este evangelio interroga sobre los pensamientos y las «miradas». ¿Qué pensamientos alimentamos sobre nosotros mismos que puedan hacernos felices o infelices, cuando Dios es bueno? Si el corazón es recto, la mirada no desea ni codicia para apropiarse. Porque está totalmente en Dios, su deseo está colmado. El modo de mirar los seres humanos a las personas y los acontecimientos nos transforma. Todo se desarrolla en la manera en que vemos lo que ocurre a nuestro alrededor. Y, según la fuerza de este enfoque, el acontecimiento más insignificante podrá encontrar o no una resonancia interior.

San Juan Clímaco dice que quien a la vista de un cuerpo de singular belleza glorifica al Creador y siempre se comporta así en circunstancias similares, ya ha

---

[11] NdT. Traducción de la Biblia de la Conferencia Episcopal Española: «¿O vas a tener tú envidia porque yo soy bueno?»; trad. de la Biblia de Nuestro Pueblo: «¿Por qué tomas a mal que yo sea generoso?»; traducción de la Biblia de Jerusalén: «¿O va a ser tu ojo malo porque yo soy bueno?».

resucitado. Lo que para uno puede ser un abismo, para el otro se convierte en una oportunidad de gloria. Este texto se ilustra con lo que le ocurrió al obispo Nono. Este ve pasar a Pelagia, la actriz más famosa de Antioquía, la mira durante largo rato, y luego reprocha a los demás obispos: «¿No les alegra una tan gran belleza?». Pero como ellos no le respondían nada dijo: «En verdad, yo me he alegrado muchísimo y me ha gustado su belleza, porque Dios la pondrá en primer lugar y la establecerá delante de su tremendo y admirable trono para juzgar tanto a nosotros como a nuestro episcopado...»[12]. En este sentido, mirar es descubrir la transparencia misteriosa de todo lo que nos rodea, y entrar en la contemplación. Se da una luz, a menudo oculta, y se trata de redescubrirla para desplegarla. La mirada se vuelve luminosa, ha redescubierto la fuente del Ser, la fuente de todo bien; ha redescubierto a su Señor y su Salvador, es decir, la Luz del mundo.

El sentido de este *mal ojo*, o codicia, es vivir en ruptura con Dios, es decir, tomar y retomar el don sin el Donante. Ya no hay reciprocidad, intercambio ni comunión. Es un robo, incluso una traición. Un ojo sano, dice Jesús, es en sí mismo luz, y la transmite. «Vivid como hijos

---

[12] San Juan Clímaco, *L'échelle sainte*, Bellefontaine, 1993, 168 y 340 (trad. esp.: *La escala espiritual*, Sígueme, Salamanca 1988). El texto entrecomillado se encuentra en: *Vida de Santa Pelagia*, escrita por el diácono Santiago, traducida al latín por Eustoquio. Traducción castellana del Hno. Lorenzo Lutton, OCSO, y del P. José Otero, OCSO (Monasterio Trapense de Azul, Buenos Aires, Argentina).

de la Luz». De nosotros depende liberar la luz y cerrar la puerta a la atracción del lado oscuro y tenebroso de nuestras codicias.

Cierra la puerta a la comparación y al juicio

¿Por qué pensáis así? (Lc 5,22).

La comparación forma parte de la realidad cotidiana; es una buena idea comparar el precio de la gasolina o del pan para reducir gastos, por ejemplo. Comparar es útil y nos ayuda a medir, evaluar y sopesar lo que es bueno o lo que no lo es. En el plano relacional, la comparación puede desempeñar un papel delicado, ambiguo e incluso destructivo. Con excesiva frecuencia, en las relaciones familiares, profesionales o comunitarias, la comparación no tiene este papel de emulación positiva, sino que la mayoría de las veces funciona para hacer entrar en la competición, la rivalidad y el juicio negativo.

Comparar y compararnos supone entrar en un juicio sobre nosotros mismos y sobre los otros, con frases como: «Ella vale más que yo», «Yo soy más inteligente que él», o peor aún: «A ella la quieren, él es el preferido, a mí me rechazan y me excluyen», o también: «Él sabe cantar, cocinar, es un manitas, y yo canto mal, yo no consigo hacer nada bien en esos aspectos». Cuando comparamos, consideramos a los demás en función de nuestros propios criterios, y por lo general nos evaluamos negativamente. Nuestra visión está falseada porque nuestra preocupación se centra en nuestro ego herido, esperando reconocimiento y amor. La comparación nos desvía del centro y del corazón profundo, de la palabra estructurante del origen. Los ojos nublados por una carencia ilusoria conducen a la ceguera ante la realidad y nos hacen entrar en la comparación, que se convierte en una «trampa de codicia».

Cerrar la puerta de la comparación será el apoyo necesario y vital para permanecer en un razonamiento ajustado sobre lo que es. Cerrar la puerta a la comparación nos permitirá observar la mirada de Cristo, que nunca compara a sus discípulos entre ellos. Jesús no compara a Pedro con Juan, ni a Zaqueo con Leví, ni a Marta con María. Al dejar de comparar o juzgar, cambiamos nuestra posición interior. Nos retiramos de nuestro ego, de nuestra voluntad de tener razón y de juzgar, para dejarnos revestir y habitar por la mirada de Cristo: «¿Cómo ves esta relación, tú: Jesús?», «¿No soy yo tu preferido? ¿De qué tengo miedo cuando temo ser puesto aparte en esta relación?». El acto de comparar se inserta con frecuencia en una historia familiar y personal desde los primeros años de vida. De manera más o menos inconsciente, la percepción de la realidad sufre con esto consecuencias destructivas. En una familia con muchos hijos, la comparación puede desempeñar un papel nefasto. Se centrará en el reconocimiento, la preferencia y el amor de los padres, interpretado como dado en abundancia y vivido como carencia por la persona que observa y compara. La comparación engendra la tristeza de la codicia y el deseo se proyecta sobre el ser del otro. La atención se desvía, ya no se proyecta sobre la realidad, sino sobre lo que se siente. La atención ya no está «atenta» ni centrada ni ajustada: arrastra hacia la mentira y a la cerrazón hacia el Otro, y hacia todos los otros que están cerca.

Cierra la puerta al orgullo y al odio a ti mismo

> *Codiciáis y no obtenéis; asesináis y envidiáis,*
> *y no lo conseguís;*
> *peleáis y lucháis, y no alcanzáis porque no pedís*
> (Sant 4,2).

El envidioso es una persona orgullosa que se decepciona cuando su prójimo la supera. Quiere hacerse su propio lugar, quiere tener su propio valor sobrepasando a los otros. Se centra en su propia identidad enferma y egocentrada. Su juicio relacional está pervertido; los otros, sus allegados, ya no son hermanos ni amigos ni compañeros, sino un peligro, porque piensa que el bien del otro disminuye su propia «gloria». En consecuencia, hará cualquier cosa para obtener este bien con el fin de realizar la persona que quiere ser. Para ello, su envidia orgullosa se focalizará en sus vecinos cercanos. En la raíz de la envidia está el rechazo a aceptar los límites y a enfrentarse a la realidad humana. A todos los y las que «pretenden» estar por encima de los demás, sea cual sea la razón que haya en ellos para este comportamiento, la Biblia les dice que un día u otro se derrumbarán y serán «arrojados al suelo».

El rey David, llegado a la mitad de su vida, olvida su frágil humanidad. Él, David, el rey mesías, que ha recibido la unción de Dios y el óleo santo, este hombre demasiado seguro de sí mismo y lleno de todo poder, a causa de su mirada envidiosa sobre la mujer de su lugarteniente, va a convertirse en un criminal. A fin de poseerla solo para él, envía a Urías, el militar, a un lugar del que no saldrá vivo. De este modo, el «santo» rey David, que había ocultado sus límites tras su personaje de rey, se verá obligado a reconocer su envidia sobre la marcha y a enfrentarse a su humanidad y sus límites.

La envidia y el orgullo no nos llevan de entrada a hacer cosas malas, sino a hacernos perder lo que Dios ha puesto en nosotros: nuestro valor para él, ser amables y amados sin ningún mérito. Perdemos de vista el lugar de nuestro origen: la gracia dada gratuitamente por el Creador y Salvador, es decir, nuestra vocación y la llamada a ser hijos e hijas amados del Dios amor.

Experiencias científicas realizadas en hospitales muestran que los enfermos que mejor se curan son los que cuidan de sí mismos. Son muchos los libros tratan este tema: la autoestima, o cómo quererse a uno mismo para tener una imagen positiva de sí mismo. Desde nuestra perspectiva, se trata de cerrar la puerta a esas voces mentirosas que juzgan, desprecian y reducen. Y es que el amor propio del envidioso es demasiado frágil, se transforma fácilmente en menosprecio y, finalmente, en odio a sí mismo.

Renunciar al odio a uno mismo no es un proceso accesorio, sobre todo para aquellos cuya personalidad ha estado marcada por este tipo de actitud desde la infancia. Exige apertura y verdad ante la palabra de Cristo, a fin de tomar conciencia de las injusticias sufridas. La renuncia al odio a nosotros mismos es un proceso deliberado de la voluntad, durante el cual se inserta en el psiquismo la Fuente de la salvación. Abandonar este odio deja a Dios nuestro Señor la posibilidad de recuperar su sitio en nosotros y derramar su gracia. Algunos necesitan tiempo para liberarse del odio que alimentan contra sí mismos, en particular los que sufren constantemente de perfeccionismo. El odio a uno mismo es un peligro terrible, porque nos hace vivir en el nivel de las ilusiones y de los comportamientos estériles. La incapacidad de afrontar el odio a uno mismo y, en consecuencia, la incapacidad de hacer frente al odio a nosotros mismos y, por consiguiente, la ineptitud para establecer una identidad sólida en Cristo, es la causa más corriente de tristeza, de frustración, de insatisfacción y de desesperación, e incluso de suicidio o de locura.

La enumeración de estas puertas muestra hasta qué punto son factores de oposición contra nosotros mismos, contra nuestra vocación profunda. Tomarnos el tiempo de poner nombre a una u otra de estas puertas y de tomar conciencia de estos mecanismos nefastos para la salud espiritual, nos ayudará progresivamente a hacernos salir de una forma de encarcelamiento en la que la envidia, los celos y la codicia quieren instalarnos. Nos ayudará a ello plantearnos con sosiego estas preguntas: «¿De qué tengo envidia? ¿De la salud floreciente de mi vecino?

¿De su éxito o prestigio? ¿De su dinero? ¿De su familia? ¿Cuál es el objeto de mis envidias? ¿Qué remolinos o turbulencia interior desencadena la vista de la notoriedad de mi hermano o de mi hermana?».

«Me alegro de ser imperfecta» (santa Teresa del Niño Jesús).

Segunda parte

LAS PUERTAS QUE DEBEMOS ABRIR

De la opción por la libertad a decidirse por la verdad

Abrirse a la bendición

> *«Bendice, alma mía, al Señor,*
> *y todo mi ser, a su santo Nombre»* (Sal 103,1).

Cambiar de mirada, poner los ojos en el don, y en el don de Dios por todas las maravillas que nos rodean, es la nueva puerta abierta por la que debemos optar. El relato de la creación brota de una bendición, de una palabra buena, incluso muy buena para los seres humanos. La bendición de Dios está asociada a su mirada: «Vio que era bueno» repite el relato del capítulo 1 del Génesis. La mirada del Señor es creadora. Lo que hace decir a Nicolás de Cusa:

«Tu ser, Señor, no abandona mi ser. Soy, en efecto, en tanto en cuanto tú estás conmigo. Y puesto que tu ver es tu ser, yo soy porque tú me miras. Si quitases tu rostro de mí, en absoluto continuaría existiendo. Sé, por el contrario, que tu mirada es la bondad máxima que no puede ella misma dejar de comunicarse a todo el que es capaz de recibirla»[1].

---

[1] Nicolás DE CUSA, *La visión de Dios*, EUNSA, Barañáin 2009⁶, 73.

Puesto que la envidia es la enfermedad del mirar con malos ojos, es vital que controlemos la manera en que fijamos nuestra atención en los seres, las cosas y los acontecimientos. Se tratará de ofrecer nuestros propios ojos a Cristo para que venga a mirar por nosotros, en nosotros. O bien decidir ver lo bueno, lo mejor, las potencialidades, para adquirir un ojo sano, es decir, una mirada que no juzga ni evalúa ni decide en función de sus propios intereses. Mirar y bendecir al mismo tiempo nos hace entrar en otra perspectiva, y provoca una dilatación del corazón. La mirada se ilumina, se vuelve buena gracias a la bondad del Creador, y vuelve a dar vida a los tristes y a los desamparados.

Bendecir es un acto poderoso puesto que es el de Dios creador; ser bendecido es ser elegido, querido y acogido de manera incondicional. Bendecir es un acto terapéutico para uno mismo y para los demás. En efecto, la bendición nos sumerge en la acción de Dios en favor de la humanidad. Ilumina la intención de nuestro Señor, que ha creado todo en y para la bendición. Abre otra dimensión: la de la comunión, la del compartir y la del reconocimiento. En efecto, al bendecir, atravesamos puertas: la del ego para dirigirse hacia el Señor, la de la posesión hacia la acogida, la de la propiedad del objeto hacia el don. El poder de la bendición es tal que la realidad queda transfigurada por ella, porque nos permite ver dentro (o más allá) y escrutar el reflejo de la luz secreta que reside en los acontecimientos. Optar por bendecir en todo provoca el sentido de admiración y del asombro. Nada parece normal o como obvio, la vida cotidiana se convierte en una fuente de asombro y de gratitud. Con la bendición, la fuente de nuestra mirada queda renovada.

Abrirse a la admiración

¡Te alabo, Padre, Señor de cielo y tierra, porque, ocultando estas cosas a los sabios y entendidos, se las diste a conocer a la gente sencilla! (Mt 11,25).

La admiración es un poderoso antídoto contra los celos. La admiración nos obligará a tomar una decisión: la de implicarnos en el mejor bien. Por ejemplo, ante una situación injusta en la que me siento marginado cuando todo parece indicar que se me debe consultar sobre esta reunión o esta celebración. Esta situación necesitará rápidamente una elección: o empiezo a envidiar, criticar y juzgar, o me decido en un cuarto de segundo a observar el mejor bien. Si decido maravillarme ante la competencia y las potencialidades reales de los que intervienen, la situación se transformará, pasará de la rivalidad a la ayuda mutua y del espíritu de competición al estímulo y el apoyo. Maravillase permite ver mejor y dejarse impresionar (en el sentido de la pintura de los impresionistas) por la realidad en lo que tiene de más bello.

La experiencia de la admiración abre una nueva dimensión del ser y revela el fundamento mismo de la dignidad del hombre: ser capaz de una entrega total, ser capaz del infinito, abrirse a la libertad ilimitada, transformar los determinismos en ofrenda. Abrirse a la belleza de la música, a las sonrisas de los recién nacidos, al esplendor de un paisaje, y maravillarse ante ello, conduce a vernos liberados de nosotros mismos. La admiración nos libera del ego, del egoísmo y del egocentrismo. En el acto de maravillarse, hay una especie de captación del ser en nuestro corazón. Maravillarse es dejarse captar por la belleza, por el esplendor, por un más allá, sin buscar racionalizar ni controlar. Es algo que pertenece al orden de la superación, como se expresa en la frase: «Eso es algo que me supera...». La admiración deja en suspenso los razonamientos y las comparaciones. Jesús se llena de admiración en esta bendición: «¡Te alabo, Padre, Señor de cielo y tierra, porque, ocultando estas cosas a los sabios y entendidos, se las diste a conocer a la gente sencilla!» (Mt 11,25). Volver a ser como niños, ¿no sería redescubrir esta aptitud para la admiración? Esta actitud nos pide entrar en otro deseo que no es el del orden de lo utilitario ni del orden del beneficio. Nos permitirá ver lo invisible, la dimensión oculta en las cosas más pequeñas: por ejemplo, el niño agazapado, totalmente absorto, que pasará horas observando y maravillándose ante las hormigas que construyen un hormiguero. María, la Madre de Dios, arrebatada por las maravillas de Dios, canta: «Proclama mi alma la grandeza del Señor, se alegra mi espíritu en Dios, mi salvador».

Abrirse a la gratitud

¡Cuántas son tus obras, Señor! (Sal 104,24).

La gratitud es una actitud que caracteriza a todos los que se refieren a una tradición espiritual. Es una respuesta al reto de nuestro tiempo y nos invita a una cultura del don, del compartir y de la gratuidad. La ausencia de gratitud favorece el placer solitario y el aislamiento. La gratitud ofrece un cambio en nuestra relación con el mundo, porque supone el reconocimiento de la generosidad y de la abundancia que se ofrecen a diario. Brota de los corazones sencillos y buenos. La sencillez del corazón nos hace acceder espontáneamente a las profundidades de la realidad. Entrar en la gratitud nos permite ver más allá del obstáculo que podría detenernos en nuestro camino. Nos invita a colocar los acontecimientos en perspectiva y nos permite mantener una relación viva con los más cercanos. Realiza la comunión, la ayuda mutua y el respeto. Nos abre los ojos al mundo futuro, a los cielos nuevos y a la nueva tierra. Gracias a ella vemos más allá, porque es, por así decirlo, un modo de acceder a la realidad más allá del velo de lo visible. Expulsa la tristeza, el rencor y la venganza, consecuencias de los celos.

En el acto de gratitud, se produce una especie de irrupción en lo más profundo del corazón, que conduce a una dilatación. De este modo, vivimos el reconocimiento del milagro permanente de la vida, porque no se nos debe nada. Vivir en un clima de agradecimiento es hacer la experiencia de una vida que brota de la muerte aparente: «Os aseguro que, si el grano de trigo caído en tierra no muere, queda solo; pero si muere, da mucho fruto» (Jn 12,24). La fecundidad del trigo que muere en la tierra supera el entendimiento; es un símbolo de la generosidad de la naturaleza. El grano de trigo se entrega para la vida de los seres humanos, como todos los vegetales, como el sol y el universo entero. La tradición cristiana se funda en este impulso de gratitud: «¡Cuántas son tus obras, Señor, y todas las hiciste con maestría: la tierra está llena de tus criaturas!» (Sal 103,24). El Donante es reconocido y agradecido en el don. Todo el cosmos se lee, como un océano de símbolos, porque cada elemento es contemplado como portador de una palabra. Penetrar en esta dimensión es descubrir una relación entre el Creador y nosotros, sin que lo sepamos. Este don de la vida es una *gracia* concedida gratuitamente, para entrar en la gratitud. La experiencia de la gratitud nos abre a la presencia de Dios y a todas las demás presencias vistas desde otro ángulo, el del don.

En la admiración y la gratitud se cultivan la memoria de Dios y la de sus beneficios: «Bendice, alma mía, al Señor y no olvides sus beneficios» (Sal 103,2). Nuestra mirada se transforma por el hecho de maravillarse al ver la acción de Dios y de su Espíritu, al vincularse a la mirada de Dios sobre el mundo. El resultado es una intimidad cada vez más profunda con el Señor. La atención a lo único necesario nos libera de la alienación en el mundo, nos libera y nos lleva a acoger el amor del Creador. A través de este reconocimiento, el corazón se abre al amor y realiza la experiencia de ser amado. Finalmente, la vida cristiana se convierte en participación del hombre en el diálogo y en la comunión que Dios le propone. Y la admiración, como la gratitud, dispone el corazón para acoger esta revelación, porque es un impulso hacia la libertad. Por así decirlo, llegamos a ser lo que somos en la gratitud y el asombro. La participación en el diálogo con Dios nos revela a nosotros mismos y nos hace llegar a ser quienes somos. La admiración tiene algo que ver con el espíritu de la infancia y con el espíritu del artista: ambos ven y ayudan a ver; ambos sienten y comunican lo que sienten. La bendición, la admiración y la gratitud son fuentes de novedad, de renovación y de alegría, y la alegría es la compañera de Dios.

Abrirse a la calma para entrar en su profundidad

Vuestra salvación está en convertiros y tener calma
(Is 30,15).

La calma interior puede compararse a un mar completamente plano, sin olas ni remolinos, y en el que el sol poniente se refleja con espléndidos colores. Los cuadros del impresionista Monet lo describen: en el mar de Bretaña o en el río Támesis, el pintor ha dibujado el sol al atardecer o los monumentos. Los cuadros de Monet, o incluso los de Turner, revelan una atmósfera interior apacible y acogedora de lo que es. Hacen ver una forma de plenitud en la calma. Dibujar estas aguas calmas en las que se reflejan y revelan el sol, el cielo u otros monumentos arrastra al espectador hacia sus propias aguas interiores, a fin de que no sean ni remolinos ni agitación ni turbulentas, sino tranquilidad, serenidad y calma.

En un momento en que Israel contaba con su caballería para escapar del creciente poder de la Asiria de Senaquerib, el profeta recibió el encargo de decir a sus dirigentes: «Vuestra salvación está en convertiros y tener calma, vuestro valor consiste en confiar y estar tranquilos. Pero no quisisteis» (Is 30,15). Cuando le preguntaron al *starets* Tadeo[2] si no sentía la necesidad de ir a la ciudad, respondió:

> «Allí donde me instalen, estoy bien. La manera de ayudarse a uno mismo es estar en calma. Si el hombre se calma, ve llegar su salvación. [...] Todo le resulta fácil. Ninguna desgracia le afecta. Sabe que tiene que ser así, y está muy en calma».

Abrirse a la caridad y al amor

La caridad no es envidiosa.

El descubrimiento del amor del Padre es una revelación sorprendente para aprender a abrirnos a su don y a su vida, y a realizar así la verdad sobre nuestro deseo verdadero y personal, nuestro deseo más profundo: el deseo de ser amado incondicionalmente y de amar.

---

[2] Starets THADDÉE, *Paix et joie dans le Saint-Esprit. Enseignements – Homélies – Entretiens*, L'Âge d'Homme, Paris 2010.

Catalina de Siena, embargada por la revelación del Padre, escucha esto:

«El alma no puede vivir sin amor. Siempre tiende a amar algo, porque está hecha del amor, pues por amor la creé. Por eso te dije que el afecto mueve la inteligencia, como expresando: "Quiero amar, porque la comida de que me alimento es el amor"»[3].

Descubrir que Dios es Amor es poner en sus manos nuestro verdadero deseo, para que sea sanado, tocado y transformado en alianza y diálogo siempre renovados. San Agustín escribió: «Mi peso es mi amor», y explica qué es lo primero: ¿el amor de Dios al hombre o el amor del hombre a Dios? El amor de Dios al hombre es lo primero; el amor del hombre a Dios solo viene después, cuando acepta dejarse arrastrar felizmente por un amor tan grande.

«El fuego tira hacia arriba, la piedra hacia abajo. Cada uno es movido por su peso y tiende a su lugar. El aceite, echado debajo del agua, se coloca sobre ella; el agua derramada encima del aceite se sumerge bajo el aceite; ambos obran conforme a sus pesos, y cada cual tiende a su lugar [...]. Mi peso es mi amor (*pondus meum, amor meus...*), él me lleva doquiera que soy llevado. Tu Don nos enciende y por él somos llevados hacia arriba: nos enardecemos y caminamos»[4].

---

[3] Santa CATALINA DE SIENA, *El diálogo*, en *Obras de Santa Catalina de Siena*, Biblioteca de Autores Cristianos, Madrid 1996[3], 145.

[4] SAN AGUSTÍN, *Confesiones*, XII, IX, 10.

«Amad a vuestros enemigos con amor de caridad, con un amor "de *ágape*"», pide Jesús en el evangelio de Mateo. Esto equivale a decir que debemos alimentar y cultivar el respeto, la benevolencia y la estima hacia aquellos contra quienes combatimos. Se trata de desear el bien a nuestros enemigos, a los que nos hacen sombra, y hacer todo lo posible para procurárselo de manera eficaz, igual que el Padre hace llover sobre buenos y malos. Esta caridad para con nuestros enemigos se explica por la imitación del mismo Dios Padre. Jesús ama a cada uno. Nos ama con nuestros celos y nuestras envidias. Y para curarnos de ellos, nos visita y nos impulsa a imitar a su Padre amando a los que nos persiguen, a los que nos envidian y a los que nos tienen celos. Esto es lo que supone ser hijos de nuestro Padre que está en los cielos. Un hijo se parece a su padre en su comportamiento. Para amar a los seres queridos y a los enemigos como Dios los ama hay que ser hijo de Dios. Solo quienes tienen a Dios por Padre viven el mismo amor que el suyo y pueden englobar a todos los hombres en su caridad.

Santo Domingo suplicaba a menudo a Dios:

«Hacía a Dios constantemente esta súplica especial. Pedíale se dignase darle la verdadera caridad para cuidar y trabajar eficazmente en la salvación de los hombres, juzgando que solo sería miembro de Cristo cuando se consagrase por entero a la salvación de las almas, a semejanza de Jesús nuestro Salvador, que se entregó totalmente por redimirnos»[5] (Jordan de Sajonia, *Libellus*, final del cap. VII).

La caridad es nuestro verdadero modo de estar juntos, de funcionar como hermanos y hermanas. San Pablo nos enseña con su himno lo que el amor nos lleva a ser, y comienza así:

«El amor es paciente, es amable, [el amor] no es envidioso ni fanfarrón, no es orgulloso ni destemplado, no busca su interés, no se irrita, no apunta las ofensas, no se alegra de la injusticia, se alegra de la verdad. Todo lo aguanta, todo lo cree, todo lo espera, todo lo soporta. El amor nunca acabará. Las profecías serán eliminadas, las lenguas cesarán, el conocimiento será eliminado» (1 Cor 13,4-8).

Solo la caridad puede romper el deseo maligno y pervertido, el que nos hace envidiar, tener celos y codiciar. Amar así es dejar de correr detrás de sueños egocéntricos, es aprender a acoger al otro tal como es, diferente pero complementario, y a estar a su servicio. Practicar así la caridad abre la puerta al reino de Dios en esta tierra y hace entrar a todos los que pensaban estar lejos de él. Amar es estar religado o conectado día y noche a la única conexión que nunca falla, el amor de Dios, porque hemos nacido y hemos sido creados para amar a Dios y al prójimo. Amando, nunca erraremos el blanco; estaremos definitivamente orientados y ajustados al

---

[5] M.-H. Vicaire, *Saint Dominique et ses frères. Évangile ou croisade*, Cerf, Paris 1967.

Padre, al Hijo y al Espíritu Santo. Ahora bien, este amor ha sido depositado en nuestros corazones por el Espíritu Santo. A nosotros nos corresponde ahondar en esta fuente de amor que está en nosotros, que nos desea para vivir una comunión de amor sin fin. Como escribió el *starets* Tadeo:

> «El Señor no cesa de esperar de nosotros que nos unamos, por así decirlo, en un amor total con él; ahora bien, nunca dejamos de alejarnos de él. Sin embargo, vemos que sin amor no hay vida, lo que significa que no hay vida sin Dios. Porque Dios es amor».

Abrirnos a la relación de Jesús con su Padre y a su impulso hacia él

Me esfuerzo por lo que hay por delante
y corro hacia la meta (Flp 3,13-14).

Jesús no habla nunca en términos de prohibiciones, de preceptos morales que deban observarse. No propone una regla de vida ascética ni un código de moral. Sus palabras sobre el seguimiento se expresan en términos de emulación e imitación. ¿Sobre qué debe tratar la imitación de Jesucristo? Lo que Jesús nos invita a imitar es su deseo, el impulso que lo encamina hacia el objetivo que se ha fijado: parecerse lo más posible a Dios Padre en su relación personal con él. De ahí el sorprendente y fascinante episodio del diálogo de los apóstoles con Jesús cuando le piden: «Enséñanos a orar». Como si no supieran rezar, ellos, unos judíos practicantes que rezan tres veces al día. ¿Por qué esta pregunta, si lo ven a diario en la sinagoga? Su pregunta revela su deseo, sus ganas de imitar a Jesús en su relación con su Padre. Y Jesús, que escucha su deseo, responde así: «Cuando oréis, decid: *Padre nuestro*...».

También Zaqueo queda fascinado, y su deseo se transforma en impulso, pues el auténtico deseo de lo bello, de lo verdadero y de lo bueno es el impulso que nos conduce hacia Dios: «Hermanos, yo no pienso tenerlo ya conseguido. Únicamente, olvidando lo que queda atrás, me esfuerzo por lo que hay por delante y corro hacia la meta, hacia el premio al cual me llamó Dios desde arriba por medio del Mesías Jesús» (Flp 3,13-14), escribe san Pablo en su impulso. También Zaqueo corre y se sube a un árbol; su deseo lo orienta para ver a alguien distinto de él. Lo que le anima a él, el ladrón famoso por su fraude como recaudador de impuestos, es su verdadero deseo. A pesar de ello, Zaqueo se pone en camino y corre a ver al Hijo de Dios, al Jesús hacia el que se precipita toda la multitud. Desde lo alto de su árbol, es visto, mirado, amado y visitado. «Zaqueo, baja aprisa, pues hoy tengo que hospedarme en tu casa» (Lc 19,5), le dice Jesús. Zaqueo abre a Cristo la puerta de su casa, la puerta de su corazón y de su codicia. Comen juntos. El relato evangélico no nos dice qué palabras intercambiaron; solo conocemos los frutos de esta visita. Zaqueo devuelve el dinero robado y comparte sus bienes. Zaqueo se ha religado con su deseo más profundo: ver y oír una palabra de vida. Se dejó visitar inesperadamente y, al hacerlo, eligió la vida y salió transformado. La salvación entró en su casa. Esta salvación se llama filiación reencontrada, porque al acoger al Hijo de Dios, él, Zaqueo, también se ha convertido en hijo del Padre. En efecto:

«Porque esta es la voluntad de mi Padre, que todo el que contempla al Hijo y cree en él tenga vida eterna, y yo lo resucitaré [en] el último día» (Jn 6,40).

«Ya no os llamo siervos porque el siervo no sabe lo que hace el amo. A vosotros os he llamado amigos porque os comuniqué cuanto escuché a mi Padre» (Jn 15,15).

Abrirse y llegar a ser en Dios

> *Llegar a ser amor como Dios es Amor*
> (Hadewijch de Amberes).

Ha escrito Martin Buber:

«Algo nuevo, algo primero y único, que nunca antes ha existido, viene al mundo con cada hombre que nace. "Todo hombre singular es algo nuevo en el mundo y por eso debe cumplir su propia naturaleza en este mundo"»[6].

En cada ser hay un tesoro que no puede encontrarse en ningún otro. Pero el tesoro que lleva dentro solo puede descubrirlo si capta de verdad su sentimiento

---

[6] Martin BUBER, *Le chemin de l'homme, op. cit.* (trad. esp.: 125-126).

más profundo, su deseo principal, lo que conmueve su ser más íntimo. Aquellos y aquellas que viven en la codicia no construyen su propia identidad. Salir de este deseo sin salida se consigue encontrando nuestro sitio, nuestro lugar a los ojos del Señor Dios, y dejándonos alcanzar por esta cualidad del amor absolutamente específica, donde no hay ninguna preferencia, ninguna competencia. Toda la Biblia ofrece palabras para asegurar y *tranquilizar*, para afianzar y confortar en nosotros este amor único, personal y preferencial de Dios por nosotros:

Is 43,1-4: «Te he llamado por tu nombre, tú eres mío. [...] porque te aprecio y eres valioso y yo te quiero».
Jr 31,3: «Con amor eterno te amé, por eso prolongué mi lealtad».
Is 54,10: «Aunque se retiren los montes y vacilen las colinas, no te retiraré mi lealtad ni mi alianza de paz vacilará –dice el Señor, que te quiere–».

Este amor de Dios se da en su totalidad a cada uno; nadie está privado de él. Lo que uno recibe no le falta al otro. Cada uno es amado, esperado, llamado en lo que es, alimentado, fortalecido, conocido por su nombre, en sus necesidades, en su historia. Este amor entregado gratuitamente no depende del éxito ni de los méritos. Solo pide ser acogido. Dejarse amar así, como único, hace inútil la necesidad de tomar lo que el otro tiene o es. Enraizarse en el ser que Dios nos da y arraigarse en ese lugar constituye el fundamento de la libertad, de la creatividad.

En sus escritos, la mística del siglo XIII Hadewijch de Amberes[7] explica que su punto de partida es la conversión hacia las profundidades del alma: es en su fondo donde el hombre descubre un impulso espontáneo hacia Dios. Por eso, en sus escritos y cartas, cita a menudo esta orden divina: «Debemos llegar a ser lo que somos aquí abajo». Para esta mística, el fin de la existencia humana consiste en que el hombre llegue a ser amor como Dios es amor. En este amor, se hace uno con Dios, y esta unidad con Dios se realiza por la mediación de Cristo. En su Carta 18, escribe:

> «El alma es para Dios una vía libre, por la que lanzarse desde sus últimas profundidades; y Dios para el alma es a cambio la vía de la libertad, hacia ese fondo del ser divino que nada puede tocar, excepto el fondo del alma».

---

[7] Dom André Gozier, *Béguine, écrivain et mystique. Portrait et textes de Hadewijch d'Anvers*, Nouvelle Cité, Paris 1995.

Tercera parte

DESCUBRIR
NUESTRO PROPIO HOREB

Morar y habitar tú cerca de mí y yo cerca de ti

De la tierra de Caín a la montaña del Horeb

«Tierra de Caín» fue el nombre dado por Jacques Cartier a la costa norte de Quebec cuando la abordó por primera vez en 1534. Es una referencia a Caín, condenado a labrar una tierra infértil tras matar a su hermano Abel. El explorador vio un suelo de rocas duras, peñascos salientes sin ninguna vegetación, una tierra árida donde no parecía que pudiera crecer nada. Según él, esta tierra inhóspita debía llamarse «Tierra de Caín». Esta expresión simbólica expresa la realidad de nuestra tierra interior cuando la invaden la envidia y los celos. Es dura, inhóspita e ingrata.

En cuanto al monte Horeb, también llamado «monte de Dios» en la Biblia, es el lugar donde fue revelado el nombre de Dios a Moisés[1]. También fue en este monte donde las diez palabras fueron dadas a Moisés y

---

[1] Ex 3,1-2: «Moisés pastoreaba el rebaño de su suegro Jetró, sacerdote de Madián; llevó el rebaño trashumando por el desierto hasta llegar a Horeb, el monte de Dios. El ángel del Señor se le apareció en una llamarada entre las zarzas. Moisés se fijó: la zarza ardía sin consumirse».

después al pueblo[2], y finalmente fue en el Horeb donde el profeta Elías oyó pasar al Señor en una brisa tenue[3]. Sin olvidar el episodio de la roca de la que brotó agua para saciar la sed del pueblo sediento[4].

Llegar a ser una tierra interior como la del Horeb significa para nosotros estar en el nombre de Dios, habitar en su presencia –porque él *es el que es*– y acoger su identidad en relación con su ser. Santa Catalina de Siena pidió una vez al Padre que le revelara quién era ella, y él le respondió: «Yo soy el que soy, tú eres la que no es». Esto significa que nuestra existencia hunde sus raíces en el ser de Dios, en la tierra de nuestro Señor: somos en él, nos desarrollamos en él, nuestro crecimiento viene de él, como un árbol floreciente, como una viña fecunda. El Horeb es también el lugar de la alianza de Dios con

---

[2] Dt 5,2: «El Señor, nuestro Dios, hizo alianza con nosotros en el Horeb». 1 Re 8,9: «En el arca solo estaban las dos tablas de piedra que colocó allí Moisés en el Horeb, cuando el Señor pactó con los israelitas, al salir de Egipto».

[3] 1 Re 19,8: «Elías se levantó, comió y bebió, y con la fuerza de aquel alimento caminó cuarenta días y cuarenta noches hasta el Horeb, el monte de Dios». 1 Re 19,11-13: «El Señor le dijo: "Sal y ponte de pie en el monte ante el Señor. ¡El Señor va a pasar!"". Vino un huracán tan violento, que descuajaba los montes y resquebrajaba las rocas delante del Señor; pero el Señor no estaba en el viento. Después del viento vino un terremoto; pero el Señor no estaba en el terremoto. Después del terremoto vino un fuego; pero el Señor no estaba en el fuego. Después del fuego se oyó una brisa tenue; al sentirla, Elías se tapó el rostro con el manto, salió afuera y se puso en pie a la entrada de la cueva. Entonces oyó una voz que le decía: "¿Qué haces aquí, Elías?"».

[4] Ex 17,6: «Yo te espero allí, junto a la roca de Horeb. Golpea la roca y saldrá agua para que beba el pueblo».

los hombres, por lo que nuestra tierra debe convertirse en tierra de comunión, de vinculación, de compartir, de reconocimiento y de gratitud. Al establecer una alianza con nosotros, Dios se vincula, se da y se entrega. Además, con el profeta Elías, nuestro Horeb interior podrá convertirse en ese espacio de escucha intensa, donde el Espíritu Santo se revelará en un soplo imperceptible, una brisa tenue, un dulce consuelo.

Nuestra tierra interior del Horeb nos convoca a pertenecerle, a ser «de» Dios por su nombre, por su alianza y por su escucha. Ser el monte del Horeb es estar en relación con el Padre por su Palabra, el Verbo, y por su soplo, el Espíritu Santo. Es en esta acogida de su nombre, de su Palabra y de su presencia como podremos ser hombres y mujeres instrumentos de paz y, por tanto, hijos e hijas de Dios.

De la Tierra de Caín al desierto de la Palabra

La vida en el Espíritu Santo requiere símbolos, imágenes y representaciones para degustar todo su sabor. Los grandes autores cristianos (haciéndose eco de la llamada del mismo Señor) insisten constantemente en la necesidad de «volver al corazón», de descender a la propia interioridad, de vivir en la celda de nuestro corazón, o incluso de conocernos a nosotros mismos desde el «núcleo» de nuestra alma. Todas estas imágenes nos ayudan a descubrir el lugar de nuestro origen y de nuestra identidad profunda. Desierto, jardín y templo, de entrada, lugares geográficos, son símbolos que nos permiten descender *al fondo sin fondo* y aguzar esa escucha interior que transforma.

El desierto, del mismo modo que la tierra de Caín, es siempre una presencia cargada de significado espiritual. En la Biblia, representa una pedagogía necesaria, un lugar de iniciación y un lugar de renacimiento. «El desierto y el yermo se regocijarán, el páramo de alegría florecerá, como flor de narciso florecerá, desbordando de gozo y alegría» (Is 35,1-2). Es el lugar donde el hombre, a solas con la palabra de Dios, atraviesa su tierra y se deja visitar. Es en el desierto donde el pueblo hebreo avanza hacia la tierra prometida, hacia la liberación y la abundancia. Es en el desierto donde Dios le habla y lo alimenta. Es en el desierto donde Jesús se prepara para asumir su misión después de haber rechazado radicalmente al Seductor, que quería atraparlo en la trampa de la codicia y de la envidia. Es en el desierto donde fue a orar a su Padre.

El desierto se atraviesa y, por eso, es un camino fatigoso y penoso para salir de la esclavitud y el determinismo y entrar en un lugar de libertad y curación. «Recuerda el camino que el Señor, tu Dios, te ha hecho recorrer estos cuarenta años por el desierto, para afligirte, para ponerte a prueba y conocer tus intenciones, y ver si eres capaz o no de guardar sus preceptos» (Dt 8,2). El desierto es una educación para el autoconocimiento: no te instalas en él, lo atraviesas para avanzar e ir más allá de la regresión, del miedo. ¿No es también el misterio mismo de Dios y de nuestra existencia?

Los beduinos siguen utilizando todavía hoy esta práctica en el desierto: durante días y días, rastrillan el suelo lleno de arena y piedras; rascan y arañan una y otra vez esta tierra árida. Este uso es esencial porque, al hacerlo, el suelo así trabajado se entreabre, se ablanda y se agrieta. Tras este tiempo de rastrillado, los beduinos echan estiércol y, en una tercera fase las semillas.

A veces pasaremos semanas y meses rastrillando nuestra tierra interior de suelo seco, sin ver fructificar ni una sola semilla. Es el tiempo de la aridez, del sinsentido y de la ineficacia; una especie de purificación de los sentidos, de un ablandamiento del corazón de piedra. De esta prueba brotará una Palabra. Porque, en hebreo, «desierto» se dice *midbar*, que significa a la vez pasto y tierra deshabitada, pero también palabra o hablar. La palabra *midbar* contiene *dabar*, que significa «hablar». Y de esta palabra hebrea brotan varias interpretaciones: «fuera de la palabra», o bien «lo que sale de la Palabra», y finalmente «la boca». Dicho de otro modo, en el desierto es necesario ponerse al margen de las palabras ilusorias y engañosas sobre Dios, sobre los otros y sobre uno mismo, a fin de escuchar una palabra buena que sale de la boca[5] de Dios.

Salir al desierto y atravesarlo es vital. Bajo la influencia del Espíritu Santo, se nos convocará al diálogo, al intercambio y al encuentro con *Aquel que es*, porque es a partir de este lugar desde donde el Espíritu Santo nos transformará, nos convertirá y nos hará fecundos.

---

[5] «El hombre no vive solo de pan, sino de todo lo que sale de la boca de Dios» (Dt 8,3).

Atravesar nuestra tierra de Caín para dejarnos fecundar por el Espíritu Santo no depende de nosotros: Dios sabe lo que hace con nosotros, y eso nos basta.

En el Horeb, conocerte y conocerme

El Señor se reveló a Moisés en el Horeb en el episodio de la zarza ardiente (Ex 3,2). Sería ilusorio intentar penetrar en el misterio de la experiencia de Moisés, de lo que percibió de Dios. Sin embargo, esta experiencia es rica en enseñanzas para la vida cristiana según el Espíritu. Su experiencia tiene un alcance universal por su valor ejemplar de encuentro entre el hombre y Dios. La Biblia y los relatos de experiencias espirituales tienen una relación mutuamente iluminadora. En efecto, en el punto de partida de estos diferentes relatos se encuentran vidas humanas, en las que actúa el mismo Espíritu de Dios. Los escritos espirituales son a menudo relatos en los que el santo y el místico utilizan los recursos lingüísticos y simbólicos de que disponen para hacernos ver y captar realidades de otro orden. Ciertamente, no todos están llamados a tener visiones excepcionales, pero todos pueden, dentro de sus límites, vivir de la presencia de Dios. Dejemos resonar las experiencias espirituales de estas tres santas: Hildegarda de Bingen, Catalina de Siena y María de la Encarnación. Tal vez sus revelaciones nos sirvan de ayuda para entrar en el conocimiento de Dios y de nosotros mismos, y sean una luz para balizar un camino, el nuestro.

En «la sombra de la luz divina», la experiencia de Hildegarda de Bingen

Al alba del siglo del arte románico, en 1098, nace Hildegarda en Bermersheim, en el corazón del imperio romano-germánico. Era la décima hija de una familia noble y desde los tres años se vio favorecida con visiones. Hildegarda de Bingen iluminó el siglo XII, predicando un retorno a la sencillez y una reforma de la cristiandad. Tras convertirse en madre abadesa, interpreta y renueva la Regla de san Benito:

«A medida que se avanza en la fe, el corazón se ensancha. Y se empieza a correr por el camino de los mandamientos de Dios, con el corazón lleno de un amor tan dulce que no hay palabras para expresarlo»[6], escribe.

En sus visiones, percibe otra dimensión:

«Desde mi infancia hasta ahora, que tengo setenta años, tengo incesantemente en mi espíritu esta visión en este estado, veo en mi alma grandes maravillas que se me manifiestan; no las veo con los ojos del cuerpo, no las oigo con mis oídos, no las descubro por ninguno de mis sentidos, ni siquiera por los pensamientos de mi corazón ni por éxtasis, pues nunca los he tenido, sino que, con los ojos abiertos y perfectamente despierta, las veo claramente, día y noche, en lo más hondo de mi alma».

---

[6] Cf. Pierre DUMOULIN, *Hildegarde de Bingen. Prophète et docteur pour le troisième millénaire*, EdB, 2012 (trad. esp.: *Hildegarda de Bingen: profetisa y doctora para el tercer milenio*, Edibesa, Madrid 2013).

Pues su primera visión es un fuego: ¡Dios es un fuego que es alguien! Así pues, el Señor es energía, poder, luz que no destruye, ya que «nuestro Dios es un *fuego devorador*» (Heb 12,29). Lo que tengamos que descubrir de nuestras codicias solo podrá hacerse a esta dulce luz y a este fuego del Espíritu Santo del que decía Hildegarda:

«Oh fuego del Espíritu paráclito, vida de la vida de toda criatura, tú eres santo, tú que vivificas las formas. Oh soplo de santidad, oh fuego de caridad, oh dulce sabor en los corazones y lluvia en las almas. ¡Oh camino segurísimo, que pasa por todos los lugares, sobre las cimas y en las llanuras y en los abismos, para acercar y reunir a todos los seres!».

En el costado abierto de Cristo, lugar de curación: la experiencia de Catalina de Siena

Catalina Benincasa nació en Siena el 25 de marzo de 1347, vigesimocuarta hija de un tintorero. A la edad de 6 años, la interpeló una visión de Cristo en la gloria, con la tiara y los ornamentos pontificios, rodeado de Pedro y Juan, en la cabecera de la iglesia de los dominicos. Conservó el deseo de pertenecerle consagrándose a él. En su adolescencia, se negó a casarse a pesar de las repetidas presiones de sus padres. Sometida a trabajos penosos en la casa familiar, descubrió la «celda interior». Una celda interior que nadie puede arrebatarle, porque es la vida en presencia de Dios.

Catalina insiste a lo largo de sus escritos en que la verdadera pasión de Cristo es la pasión del deseo[7]. La pasión es el momento en que Jesús manifiesta plenamente su amor:

«En la Pasión del Verbo, el fuego escondido bajo nuestra ceniza comenzó a manifestarse amplia y plenamente abriendo su santísimo cuerpo sobre el madero de la cruz».

Se trata de la apertura del costado de Jesús. Para ella, el costado abierto de Cristo en la cruz significa la profundidad insondable de su amor por nosotros:

«Jesús, tú hiciste para el hombre una caverna en tu costado, en la que podía encontrar refugio lejos de la faz de sus enemigos, en esta caverna puede conocer la caridad», escribe en su «Oración 12».

El costado abierto es, pues, el lugar de la salvación y de la curación. Es en este costado, que Catalina llama a menudo «caverna» o «refugio», donde la humanidad puede conocer el secreto de su corazón, que es la caridad. Este amor que parte del corazón abierto de Jesús tocará y abrirá el corazón del hombre, es la única fuerza capaz de abrir su corazón envidioso y atraerlo hacia el corazón de Jesús. En una carta a Raimundo de Capua («Carta 219»), cuenta cómo ve a toda la humanidad entrar en el costado de Jesús:

---

[7] Santa Catalina de Siena, *Le Livre des Dialogues*, seguido de *Lettres*, Seuil, Paris 1953 (trad. esp.: *El diálogo*, en *Obras de Santa Catalina de Siena*, Biblioteca de Autores Cristianos, Madrid 1996³).

«El fuego aumentaba en mí, y con asombro veía a todos los hombres entrar en el costado de Cristo crucificado».

A través de esta herida, de este costado abierto[8], es como cada uno de nosotros es engendrado con el agua viva del Espíritu y la sangre de la salvación, la del Salvador.
El costado abierto de Jesús es el lugar del misterio de la salvación, de la curación y del renacimiento. A partir de este lugar podremos reconocernos en nuestras envidias y ser liberados de ellas.

Ver el precio del amor en una mirada: la experiencia de María de la Encarnación

María de la Encarnación (1599-1672), misionera, fue la fundadora de las Ursulinas de la Nueva Francia. La experiencia mística que tuvo a los 21 años modeló su vida interior y dio forma a su misión: ella la llamó su *gracia de conversión*. Suyas son estas palabras:

«En un momento, los ojos de mi espíritu se abrieron y todas las faltas, pecados e imperfecciones que

---

[8]   En su íntima comunión con Jesús, Catalina misma experimentó cómo «desde el interior» la fuerza del amor puede abrir el corazón, como confió a su confesor, el beato Raimundo de Capua: «El fuego del amor divino y el deseo de unirme a aquel a quien amo habían ardido tan intensamente que, aunque mi corazón hubiera sido de piedra o de acero, se habría roto y abierto» (Raimundo de Capua, *Legenda Maior*, n. 213).

había cometido desde que estaba en el mundo se me representaron con todo detalle, con una distinción y una claridad más ciertas que cualquier certeza que la industria humana pudiera expresar. En ese mismo momento me vi completamente sumergida en sangre, y mi espíritu estaba convencido de que esta sangre era la sangre del Hijo de Dios, de cuya efusión yo era culpable por todos los pecados que se me representaban, y que esta preciosa sangre había sido derramada para mi salvación»[9].

En el transcurso de esta visión, María de la Encarnación se vio inmersa en la sangre del Señor: había entrado en la comprensión de lo que había «costado» la salvación. Esta inmersión es también la expresión de una profunda intimidad. La experiencia que le da acceso a esta proximidad divina es la misma que le hace tomar conciencia de lo que la mantiene alejada de Dios.

Hildegarda, Catalina y María nos hacen captar lo que el monte Horeb puede significar para cada uno de nosotros: un fuego de amor, una herida de caridad extrema, un tesoro de precio inestimable que hay que conocer para reconocernos tal como somos y renacer en la energía luminosa de nuestro Padre y convertirnos en hijos e hijas de la Luz.

───────────

[9] Marie DE L'INCARNATION, *Écrits spirituels et historiques*, t. II, editado por Dom Albert Jamet, Les Ursulines, Québec 1985, llamado *Relation de 1654*, p. 181.

¿Quién soy yo para ti?

«Sé de dónde vengo, y me lo recuerdo con frecuencia», me dijo una joven que conocí durante un trabajo profesional que ella realizaba a diario con delicada servicialidad. Saber y reconocer el lugar de donde vienes, ya sea a nivel familiar, profesional, cultural, pero sobre todo a nivel existencial y espiritual, es un signo de gran humildad y madurez humana. Volver a menudo atrás y recordar el lugar de nuestro origen es volver a esta memoria viva para reconocer en ella que hemos sido precedidos y que no sacamos nuestra existencia de nosotros mismos. Cultivar y trabajar la memoria nos permite acoger y afrontar nuestra vida cotidiana, para descubrir en ella la profundidad insospechada del misterio de nuestra existencia.

«¿Quién soy yo?», se pregunta también esta joven adolescente italiana, que se plantea a su manera la cuestión de su origen. No se hace estas preguntas ante ofertas de desarrollo personal: se cuestiona ante su Creador. Por tanto, su cuestionamiento no es ni una introspección ni una búsqueda de sí misma. Su petición no está condicionada por su curiosidad: nace de un diálogo y una contemplación. Quiere saber el lugar donde empezó y escucha esta respuesta: «Yo soy el que soy y tú eres la que no es». Para muchos, oír que no se es significaría que no se es nada, y subrayaría una falta de consideración. Pero esta joven, Catalina de Siena, sabe a quién plantea esta pregunta fundamental. Sabe que esta respuesta le revela su fuente, su ser y su existencia.

O, dicho de otro modo: «Tú eres la que no es sin mí, tú eres la que no puede ser por ti misma». La respuesta remite a la existencia, es de orden ontológico: no somos por nosotros mismos, sino que somos por él. Nuestro Dios es el fundamento de nuestra identidad. «Sin mí, no podéis hacer nada», dice Jesús (Jn 15,5). «En él vivimos, y nos movemos y existimos» (Hch 17,28). Este diálogo, relatado por Raimundo de Capua, confesor de Catalina de Siena, es fuente de deslumbramiento. El que es, se da. En su palabra, somos. Por su Verbo, existimos.

Todos nosotros vamos en busca de una identidad profunda; todos vivimos en dependencia de la mirada que los otros proyectan sobre nosotros. Por eso, cuanto menos nos conocemos, más nos dejamos llevar por el juicio y las expectativas de los demás, y más celosos estamos de nuestro prójimo y más codiciamos lo que tiene. De ahí resulta una actitud de dependencia que nos hace vulnerables y frágiles, porque los juicios o las críticas de quienes nos rodean no dicen casi nada del misterio que llevamos dentro. Conocerse a sí mismo y reconocer a nuestro Dios es el principio de la bienaventuranza: «Serás feliz si tienes este doble conocimiento», responde el Padre a Santa Catalina. Esta experiencia espiritual íntima es, en efecto, portadora de libertad. Pues encontrarse bajo la mirada de Dios es fuente de una seguridad profunda. Cada uno de nosotros tiene que aprender a vivir esta dependencia en la gratitud y la bendición, porque así nos volvemos inteligentes, capaces de ver el interior. Saber que Dios es, que es amor, y que somos amados con ese amor, es aprender a conocernos de verdad.

Preguntarnos por nuestro origen nos permite desplegarnos y abrirnos a todas nuestras potencialidades ocultas y sagradas. Somos seres humanos únicos, específicos e insustituibles. «Todos nacemos originales, pero son demasiadas las personas que mueren como fotocopias», decía Carlo Acutis[10]. Este obrar dinámico tiene lugar a través del compromiso y en medio de muchas rupturas, fracasos y separaciones. Vivir de acuerdo con nuestra vocación es una elección y una decisión. Para llegar a ser lo que somos, es vital salir del caos de los pensamientos, o del desorden de las solicitaciones, es decir, de la envidia y los celos. El trabajo del alfarero es la imagen concreta de esto; al igual que el artesano retira, quita y moldea la arcilla de su alfarería para hacer un objeto único, también nosotros, por así decirlo, somos trabajados, moldeados y recreados por los acontecimientos, los encuentros y las pruebas. Ahora bien, a menudo es en medio de nuestras complejidades y de nuestras resistencias cuando llega el momento oportuno para captar esta Palabra creadora: «Hágase la luz». Esta luz, fuente de la misión única de la que somos

---

[10] Este joven italiano, fallecido en 2006 a la edad de 15 años, fue atravesado de manera fulgurante como por un rayo láser por el amor de Jesús. Desde los 7 años, iba a misa todos los días, solo, sin sus padres, que entonces eran prácticamente no creyentes. En 2004, creó un sitio web sobre los milagros eucarísticos, que más tarde se convirtió en una exposición presentada en miles de lugares.

depositarios, nos permite a cada uno de nosotros afirmar con confianza: «Estoy exactamente donde Dios quiere que esté, para cumplir lo que él quiere con lo que soy, con mis sombras y mis luces, para mi bien, el de los otros y el suyo».

Descansa y acuérdate

Fíjate en el sábado para santificarlo[11].

La cuarta palabra de los diez mandamientos ordena observar el día del sábado. Con otras palabras, parar y descansar para concertar una cita con otra dimensión y abrir la puerta a la luz del ser, a la alegría de estar libremente, sin hacer ni consumir nada. Esta llamada a marcar un tiempo vacío es una invitación a estar en resonancia con uno mismo, con esta fuerza y esta savia interiores, a permanecer sin proyecto, sin objetivo, sin ninguna eficacia. A callar para escuchar una voz distinta a la de nuestros deseos y codicias, y a sentir el murmullo de un aliento que no viene de nosotros, sino que habita en lo más profundo de nuestro ser. Se trata de una llamada a revitalizarnos profundamente,

---

[11] Ex 20,8-11: «Fíjate en el sábado para santificarlo. Durante seis días trabaja y haz tus tareas, pero el día séptimo es un día de descanso, dedicado al Señor, tu Dios: no harás trabajo alguno, ni tú, ni tu hijo, ni tu hija, ni tu esclavo, ni tu esclava, ni tu ganado, ni el inmigrante que viva en tus ciudades, porque en seis días hizo el Señor el cielo, la tierra y el mar y lo que hay en ellos, y el séptimo descansó; por eso el Señor bendijo el sábado y lo santificó».

a arraigarnos en el ser, ese ser que es una persona, un Padre y un nombre: «Yo soy el que soy», dijo el Señor a Catalina de Siena. Este día de descanso implica comprender hasta qué punto estamos habitados por esta dimensión interior viva, llámese «habitación en el piso superior» o «recinto interior». Es desde aquí desde donde se toman las decisiones y se llevan a cabo las opciones. El sábado es el deseo de construirnos a nosotros mismos y entrar en una dinámica para crear el sentido de la existencia. Es un descanso activo para volver a dar sentido a nuestra vida y a la de los otros. El día de descanso es, por tanto, un tiempo en el que el hombre se eclipsa y borra lo que cree saber. Es un tiempo de desvelamiento y de visitación absolutamente interior en una actitud de vigilancia sobre lo que no se ve. Es un tiempo para entrar en nosotros mismos, para abrirnos a lo desconocido. Se trata de hacer esta experiencia y de abrirnos a esta realidad.

El día del sábado hay que abrir la puerta y salir de la costumbre, entrar en otro registro para volver a conectar con nuestro propio ser y reconstruir los vínculos con nuestros hábitos y nuestro ser más profundo. Entrar en lo nuevo y salir a mar abierto para dejarnos engendrar a nosotros mismos. Entrar en este día de descanso es retirarse, borrarse, tomar perspectiva para observar, examinar, dejarse mirar, ponerse en estado de recepción y acogida. La mirada ya no se fija en lo que falta, en lo que no hay, sino en lo que hay. Se trata de recibir nuestras cualidades de la mano de Dios con gratitud, docilidad y, a veces, valentía, en lugar de rechazarlas deseando otra cosa.

«Debes ser enteramente puro, y estar en un ahora, si Dios ha de contemplarse en ti, y reposar dulcemente»[12].

Reza por tus enemigos

Rezad por los que os persiguen (Mt 5,44).

Convertirnos en tierra interior de bendición, en el secreto de nuestros impulsos de envidia, codicia y celos, y repetir constantemente esta bendición: «Que el Señor te bendiga y te guarde [...]. Que el Señor te muestre su rostro y te conceda la paz» (Nm 6,24-26), nos educa en otra sabiduría. La eficacia de la bendición interior sobre mi prójimo abre nuestro corazón a otra dimensión, la de nuestro Dios mismo, puesto que hemos sido creados en su bendición. Todos somos «bendecidos» por Dios; todos hemos sido elegidos, llamados, deseados y acogidos, incluso mi peor enemigo.

Etty Hillesum, sin saberlo ni intelectualizarlo de ese modo, hacía lo mismo al final de su vida. Incluso en Westerbork, en el campo de concentración, trató de poner su sensibilidad al servicio del prójimo, para ayudar a sus compañeros a recuperarse y escapar del odio de sus verdugos: «Deberíamos estar dispuestos a actuar como un bálsamo para curar todas las heridas». Ya no veía enemigos ni verdugos a su alrededor, sino hermanos a los que amar. «Cada átomo de odio que añadimos a este

---

[12] Angelus Silesius, *Le pèlerin chérubinique*, Arfuyen, 2014 (trad. esp.: *El peregrino querúbico*, Siruela, Madrid 2005, I, 136).

mundo lo hace todavía más inhóspito», escribió. «Tú no puedes venir a ayudarnos», escribió aún, «pero nosotros debemos ayudarte y defender hasta el final tu morada en nosotros»[13].

---

[13] Etty HILLESUM, *Une vie bouleversée*, Seuil, Paris 1981 (reed. 2020) (trad. esp.: *Una vida conmocionada*, Antrhropos, Barcelona 2007).

Conclusión

Porteros bondadosos

Para cerrar y abrir puertas se necesita la ayuda de los porteros. Ha sido, pues, bajo la protección de dos porteros como se escribió este libro: san Martín de Porres y el santo hermano Andrés, del Oratorio San José de Montreal. San Martín de Porres, generalmente llamado Martín de la Caridad, no dudaba en compartir su celda con los desgraciados, porque para él la caridad estaba por encima de todos los demás valores de la vida religiosa. Murió en Perú en 1629 y fue canonizado en 1962. Con él abriremos las puertas de la comunión, de la ayuda mutua y del servicio.

En cuanto al santo hermano Andrés, se convirtió en portero del colegio Notre-Dame de Montreal en 1870. Debido a su estado de salud, las autoridades religiosas tuvieron dificultades para aceptarlo en la Congregación de la Santa Cruz. Como portero, escuchaba a los cientos de personas que acudían a su mostrador de la portería; unos minutos bastaban para apaciguarlas o curarlas. Será él quien nos guíe para cerrar las puertas de la incredulidad, de la duda o de la indeterminación ante el camino de curación propuesto en este pequeño tratado.

Sobre el humor en el amor

Este ensayo sobre la codicia desearía ser una invitación y una trayectoria para poner nombre a lo que divide y aprisiona. Y, en un mismo impulso, quiere presentar el amor loco de Dios por nosotros. Nuestros celos no le impiden amarnos: no los ve. Sin embargo, cuando les abrimos las puertas de nuestro corazón, nos bloquean, nos paralizan y nos inmovilizan en nuestro impulso profundo de vivir para los demás y para Dios. Este trabajo en favor de la verdad nos exige distanciarnos, dar un «paso a un lado» y, sobre todo, practicar una forma de autoburla y de humor.

A los Padres del desierto se les conoce por el sabor de sus palabras, llenas de humor y de enseñanzas. Su visión de las cosas de la vida es en cierto modo *ex-céntrica*. Su mirada deja el mundo, para ver y juzgar según la salvación. Esta facultad de distanciarse crea una brecha con lo que se considera como normal. De esta brecha nace el humor. He aquí una famosa historia que lo ilustra:

«En Escete cometió cierto hermano una falta. Se reunió el consejo y llamaron a *abba* Moisés. Este no quiso ir. Mandó el presbítero por él, diciendo: "Ven, porque te están esperando todos". Él se levantó y fue. Y tomando un recipiente perforado y llenándolo de arena, lo llevó. Salieron los demás a su encuentro y le dijeron: "¿Qué es esto padre?". El anciano respondió: "Mis pecados van cayendo a mis espaldas, y no los veo. Y hoy he venido para juzgar los pecados ajenos". Al oírlo, no dijeron nada al hermano, sino que lo perdonaron».

La raíz del humor cristiano es la confianza en el Dios misericordia, cuyos pensamientos y caminos son distintos de los de los hombres, y para quien un comienzo de la verdad y la caridad en un corazón humano tiene un precio infinito. Pues es en las pequeñas rivalidades de la vida cotidiana donde el humor procura un ensanchamiento del corazón, como una especie de dilatación interior que apacigua y abre los ojos del corazón a lo esencial. Esta confianza en Dios crea un clima de relajación en el que pueden brotar sonrisas a pesar de cualquier sentimiento de vergüenza.

San Felipe Neri, el santo del humor y la comicidad, es un ejemplo famoso de esto. Su permanente sentido del humor lo acercaba a todos y no lo aislaba, al contrario: sabía en lo más profundo de sí mismo que todos estamos sometidos a las mismas debilidades. Su vida está repleta de anécdotas, llenas de humor, de sabor y de enseñanzas. El rasgo de su carácter que encantaba a sus amigos y desarmaba a sus enemigos era su aire festivo, una especie de alegría que acompañaba armoniosamente la gracia de sus modales. Su contraseña para entrar en la vida espiritual era: «¡Señor, desconfía de mí! Hoy mismo podría traicionarte».

Santo Tomás Moro es conocido por su sentido del humor. Era un rasgo de su carácter y un método para poder decir la verdad riendo. Su humor era la expresión de una alegría profunda alimentada por su fe. El papa Francisco, en un discurso a la Curia, daba su «receta terapéutica» y decía:

«No perdamos, pues, ese espíritu alegre, lleno de humor, e incluso autoirónico, que nos hace personas afables, aun en situaciones difíciles. ¡Cuánto bien hace una buena dosis de humorismo! Nos hará bien recitar a menudo la oración de santo Tomás Moro: "No permitas que sufra excesivamente por ese ser tan dominante que se llama 'Yo'. Dame, Señor, el sentido del humor. Concédeme la gracia de comprender las bromas, para que conozca en la vida un poco de alegría y pueda comunicársela a los demás". Yo la rezo todos los días, me va bien»[1].

Santo Tomás Moro menciona aquí una característica esencial del humor: «No permitas que sufra excesivamente por ese ser tan dominante que se llama "Yo"». En efecto, el humor requiere una mirada bien ajustada y un buen conocimiento de uno mismo. El que maneja esta forma de burlarse de sí mismo o de los demás no está ni ciego ni demasiado bloqueado. El humor nos permite vernos a nosotros mismos con nuestras rarezas y nuestros defectos y reírnos de ellos, con dulzura y ternura. Como hace el mismo Señor cuando nos mira.

Llamados a ser amigos

«Ya no os llamo siervos porque el siervo no sabe lo que hace el amo. A vosotros os he llamado amigos porque os comuniqué cuanto escuché a mi Padre» (Jn 15,15), dice

---

[1] PAPA FRANCISCO, *Discurso a la Curia romana*, 22 de diciembre de 2014.

Jesús. Esta amistad que Cristo desea mantener con cada ser humano no establece ninguna jerarquía ni invita a ningún mimetismo[2]. Ser semejante a Jesús es, pues, ante todo ser profundamente nosotros mismos, es decir, profundamente auténticos, para acoger mejor su amistad, en plena libertad y alegría, en eterna proximidad. La resurrección nos hace captar que todo encierro en la violencia de la codicia es violencia contra Cristo. El hombre nunca es víctima de Dios; Dios es siempre la víctima del hombre.

Hablar de la envidia y de «sus hijas» es tomar conciencia de la salvación, de la liberación y de la libertad traídas por Cristo. En el Evangelio según san Juan, Jesús se dirige a sus adversarios con estas fulgurantes palabras:

«Vuestro padre es el Diablo y vosotros queréis cumplir los deseos de vuestro padre. Él era homicida desde el principio; no se mantuvo en la verdad, porque no hay verdad en él. Cuando dice mentiras, habla su lenguaje, porque es mentiroso y padre de la mentira» (Jn 8,44).

Alimentar la codicia es, en cierto modo, optar por pertenecer al Padre de la mentira. Aceptar nombrar nuestros deseos y sus consecuencias, para afrontarlos y superarlos, supone entrar en un proceso de salvación y creer que la cruz de Cristo, su aceptación total frente al odio y la destrucción, sale vencedora en nosotros.

---

[2] Cf. René GIRARD, *Je vois Satan tomber comme l'éclair*, Grasset, Paris 1999 (trad. esp.: *Veo a Satán caer como el relámpago*, Anagrama, Barcelona 2012).

Tenemos que sumergirnos en el acontecimiento, atravesarlo y salir de él.

Por último, este libro es una especie de itinerario bautismal: bautizados en la muerte y resurrección de Cristo, cada vez que nos sumergimos o descendemos en un acontecimiento mortífero y lo abrimos a la presencia de Jesús, ese mismo acontecimiento puede convertirse en ámbito de resurrección. Ya no está congelado; es visitado por la muerte y la resurrección de Cristo y se convierte en lugar de vida, y de vida para siempre, de vida eterna.

«Desde lo hondo te grito, Señor» (Sal 129,1), oímos gritar a Cristo en nosotros, hacia nosotros; oigámosle decirnos: «Desde lo más hondo de mi ser a ti grito, avanza mar adentro y entra en lo más hondo de tu ser y en tu habitación del piso superior».

Porque es él quien nos busca para hacernos vivir de su amistad. El apóstol Pablo escribe al respecto:

«[...] que por la fe resida el Mesías en vuestro corazón, que estéis arraigados y cimentados en el amor, de modo que logréis comprender, [...] la anchura y longitud y altura y profundidad, y conocer el amor del Mesías, que supera todo conocimiento. Así os llenaréis del todo de la plenitud de Dios» (Ef 3,17-19).

Agradecimientos

Quisiera expresar mi más sincero agradecimiento a Édouard Shatov, hermano asuncionista del centro Montmartre de Quebec, que una vez más me ha hecho trabajar sobre un tema originario (aunque no original).

Doy las gracias a la editorial Artège con todo el equipo que rodea a Loïc Mérian por su paciencia y su comprensión.

Sin olvidar a una amiga que lo es desde hace mucho tiempo, la pintora Valérie Honnart, que ha diseñado las cubiertas de mis últimos libros con tanta profesionalidad como belleza.

Y, por último, deseo expresar una inmensa gratitud y reconocimiento a la comunidad Myriam Beth'léem de Baie-Comeau (Quebec), que me invitó a su casa para que pudiera redactar este libro, rodeada de su incansable benevolencia y su ferviente oración.

Y con todos aquellos que, de lejos o de cerca, me enseñaron que los celos eran una trampa, y que es preciso huir de ella en cuanto se acerca demasiado, tengo contraída una inmensa deuda de gratitud. Pues a partir

de ahora, esta palabra de Vida estará inscrita diariamen-
te en mi Horeb:

«Mira que estoy a la puerta llamando. Si uno escucha
mi llamada y abre la puerta, entraré en su casa y cenaré
con él y él conmigo» (Ap 3,20).